ROTHFUSS Lohnpfändungsverfahren beim Arbeitgeber

Schriftenreihe
›Das Recht der Wirtschaft‹

Oktober 2024

Lohnpfändungsverfahren beim Arbeitgeber

Ass. jur. Peter Rothfuss, Stadtrechtsdirektor a. D.

4. Auflage, 2024

Bibliografische Information der Deutschen Nationalbibliothek | Die Deutsche Nationalbibliothek verzeichnet diese Publikation in der Deutschen Nationalbibliografie; detaillierte bibliografische Daten sind im Internet über www.dnb.de abrufbar.

4. Auflage, 2024

ISBN 978-3-415-07676-1

Die Schriftenreihe >DAS RECHT DER WIRTSCHAFT< (RdW) ist Teil des gleichnamigen Sammelwerks, einer Kombination aus Buch und Zeitschrift.

Verantwortlich: Carola Moser, B.A.

Richard Boorberg Verlag GmbH & Co KG | Scharrstraße 2 | 70563 Stuttgart
Stuttgart | München | Hannover | Berlin | Weimar | Dresden
www.boorberg.de

Gesamtherstellung: Laupp & Göbel GmbH | Robert-Bosch-Str. 42 | 72810 Gomaringen

---

Vorwort zur vierten Auflage

Seit der Vorauflage sind sieben Jahre vergangen. Der Bereich der Lohnpfändung hat in dieser Zeit durch zahlreiche Gesetzesänderungen und durch die umfangreiche Rechtsprechung in wesentlichen Teilen eine Weiterentwicklung erfahren. Besonders zu erwähnen ist die Einführung amtlicher Formulare, die zwingend zu verwenden sind und in diesem Jahr zum wiederholten Male nochmals überarbeitet wurden.

Der vorliegende Band soll dem Praktiker aus der Sicht des Arbeitgebers eine Übersicht über den komplexen Bereich der Lohnpfändung verschaffen und auch als Nachschlagewerk dienen, wenn es um die Klärung von Einzelfragen geht.

Ausgehend von praktischen Fällen und Problemstellungen werden Lösungen angeboten, die dem Arbeitgeber die ohnehin sehr aufwendige Bearbeitung von Lohnpfändungen möglichst erleichtern und ihm gleichzeitig die notwendige Sicherheit geben sollen, sich im zulässigen gesetzlichen Rahmen zu bewegen. Ausgehend von diesen Überlegungen, wird wiederum auf die Wiedergabe der zum Teil sehr komplizierten Gesetzestexte weitestgehend verzichtet. Eine Auseinandersetzung mit Streitfragen erfolgt, soweit diese für die praktische Arbeit sinnvoll erscheint.

Inhalt

Abkürzungsverzeichnis

a. A.	anderer Ansicht
Abs.	Absatz
Abschn.	Abschnitt
abzgl.	abzüglich
Anm.	Anmerkung
AO	Abgabenordnung
Aufl.	Auflage
BAG	Bundesarbeitsgericht
BetrVG	Betriebsverfassungsgesetz
BGB	Bürgerliches Gesetzbuch
BGBl.	Bundesgesetzblatt
BGH	Bundesgerichtshof
BGHZ	Sammlung der Entscheidungen des BGH in Zivilsachen
bzgl.	bezüglich
bzw.	beziehungsweise
ca.	circa
d. h.	das heißt
f.	folgende
ff.	fortfolgende
Fn.	Fußnote
ggf.	gegebenenfalls
h. M.	herrschende Meinung
HGB	Handelsgesetzbuch
i. d. R.	in der Regel
InsO	Insolvenzordnung
i. S. d.	im Sinne des/der
i. S. v.	im Sinne von
i. V. m.	in Verbindung mit
KSchG	Kündigungsschutzgesetz
m. E.	meines Erachtens
mtl.	monatlich
m. w. N	mit weiteren Nachweisen
NZA	Neue Zeitschrift für Arbeits- und Sozialrecht
NJW	Neue Juristische Wochenschrift (Zeitschrift)
NJW-RR	Neue Juristische Wochenschrift-Rechtsprechungsübersicht (Zeitschrift)

Nr.	Nummer
Rn.	Randnummer
s.	siehe
S.	Seite
SGB	Sozialgesetzbuch
sog.	sogenannte
u. a.	unter anderem
usw.	und so weiter
u. U.	unter Umständen
vgl.	vergleiche
z. B.	zum Beispiel
Ziff.	Ziffer
ZVFV	Zwangsvollstreckungsformular-Verordnung
ZPO	Zivilprozessordnung
zzgl.	zuzüglich

Verzeichnis der Muster

1. Allgemeines

1.1 Die Lohnpfändung

Die Lohnpfändung ist ein Teilbereich der Zwangsvollstreckung. Die Vollstreckung erfolgt immer unter Zuhilfenahme staatlichen Zwangs durch die verschiedenen Vollstreckungsorgane. So wird die Vollstreckung in bewegliche/körperliche Sachen durch den Gerichtsvollzieher vorgenommen, die Eintragung einer Zwangshypothek durch das Grundbuchamt (Amtsgericht oder Grundbuchamt als Vollstreckungsgericht) und die Vollstreckung wegen Geldforderungen in Geldforderungen (d. h. in Forderungen, die der Schuldner gegen Dritte hat) durch das Vollstreckungsgericht. Das Arbeitseinkommen ist dabei eine solche Geldforderung, in die eine Vollstreckung erfolgen kann. Für den Gläubiger ist das Arbeitseinkommen häufig die einzige und auch die erfolgreichste Vollstreckungsmöglichkeit, um titulierte Ansprüche realisieren zu können. Insbesondere bei der Pfändung wegen Unterhaltsforderungen ist die Lohnpfändung oft die einzige Möglichkeit, fortlaufende Beträge zu erhalten.

Andererseits ist das Arbeitseinkommen meist die einzige Einnahmequelle des Schuldners, der damit seinen eigenen Unterhalt und die Versorgung seiner Familie sichert. Diese besonderen Interessenlagen musste der Gesetzgeber bei der Pfändung von Arbeitseinkommen berücksichtigen, insbesondere war die Schaffung von Pfändungsbeschränkungen notwendig, um dem Schuldner und seiner Familie trotz einer Lohnpfändung ein menschenwürdiges Dasein zu ermöglichen.

Dabei darf jedoch nicht außer Acht gelassen werden, dass zahlreiche sog. Schuldnerschutzvorschriften auch die Allgemeinheit schützen sollen. Hätte eine Lohnpfändung zur Folge, dass dem Schuldner seine Lebensgrundlage vollständig entzogen würde, müsste letztendlich der Staat hierfür aufkommen und damit mittelbar die Schulden des Arbeitnehmers bezahlen. Dies zeigt sich ganz deutlich an der gesetzlichen Ausgestaltung der Pfändungsfreigrenzen, auf deren Einhaltung der Schuldner gerade nicht ohne Weiteres verzichten kann. Allgemein wird angenommen, dass ein Verzicht des Schuldners auf den Pfändungsschutz unwirksam ist.[1]

1.2 Die Stellung des Arbeitgebers

Dem Arbeitgeber kommt in diesem Spannungsverhältnis zwischen dem berechtigten Gläubigerinteresse, den schutzwürdigen Interessen von dessen

1 Kindl/Meller-Hannich, § 850, Rn. 26.

Schuldner und den sozialstaatlich gebotenen Belangen eine besondere Bedeutung zu. Er muss letztendlich im Einzelfall für die Wahrung der einzelnen Interessen Sorge tragen ohne Partei zu ergreifen. Dies vor dem Hintergrund, dass er sich bei etwaig ihm zuzurechnenden Fehlern schadenersatzpflichtig macht, das Arbeitsentgelt nochmals auszahlen muss und womöglich auch noch eine Arbeitskraft demotiviert oder verliert. Dem Arbeitgeber wird daher häufig in diesem Zusammenhang auch die Stellung eines Hilfsorgans des Vollstreckungsgerichts beigemessen. Bei nicht ausräumbaren Zweifeln bei der Ausführung der Lohnpfändung kann er daher Auskünfte vom Vollstreckungsgericht einholen. Aufgrund seiner Einbindung in das Vollstreckungsverfahren, zu dessen Zustandekommen er in keiner Weise beigetragen hat, wird der Arbeitgeber auch als die bedauernswerteste Person in unserem ganzen Rechtsleben bezeichnet. Diese Aussage ist sicherlich etwas übertrieben, beleuchtet aber deutlich die Stellung des Arbeitgebers als Drittschuldner im Rahmen der Lohnpfändung.

2. Rechtsgrundlagen für die Pfändung von Arbeitseinkommen

2.1 Einleitung

Für die Zwangsvollstreckung in Lohnforderungen sind grundsätzlich die Amtsgerichte als Vollstreckungsgerichte zuständig. Örtlich zuständig ist das Amtsgericht, bei dem der Schuldner seinen allgemeinen Gerichtsstand, also seinen Wohnsitz hat. Funktionell zuständig ist der Rechtspfleger, dem alle Entscheidungen übertragen sind. Die Lohnpfändung selbst erfolgt nur auf Antrag des Gläubigers. Der Rechtspfleger hat dabei zu prüfen, ob die Voraussetzungen für die Zwangsvollstreckung überhaupt vorliegen.

2.2 Allgemeine Voraussetzungen für die Pfändung

Fall: Nach Zustellung eines Pfändungs- und Überweisungsbeschlusses bittet der Arbeitgeber seinen Mitarbeiter zu sich, um die Angelegenheit mit ihm zu erörtern. Dieser gibt sich erstaunt und entrüstet, da er von einer Forderung des Gläubigers überhaupt nichts wisse.

Lohnpfändungen erfolgen häufig erst eine lange Zeit nach Entstehung der zugrunde liegenden Forderung. Die Gründe hierfür sind vielfältig. So muss der Gläubiger erst einen oftmals langwierigen Weg beschreiten, bis er einen vollstreckbaren Titel gegen seinen Schuldner erwirkt hat. Der sog. Vollstreckungstitel bestimmt Inhalt und Umfang der Zwangsvollstreckung. Diesem vorausgegangen ist das sog. Erkenntnisverfahren. In diesem Verfahren wurde der durchsetzbare Anspruch des Gläubigers festgestellt. Seinen Abschluss findet dieses Verfahren dann mit der Entscheidung über die Feststellung des Anspruchs und der Ausfertigung eines Titels über diesen Anspruch, den der Gläubiger zum Zwecke der Zwangsvollstreckung erhält. Diese Ausfertigung muss als vollstreckbare Ausfertigung vorliegen, d. h., sie muss mit einer Vollstreckungsklausel versehen sein. Eine weitere Ausfertigung des Titels wird dem Schuldner zugestellt. Die Originale des Titels verbleiben bei Gericht bzw. dem Notar. Die wichtigsten Titel sind die auf Zahlung gerichteten Endurteile oder Leistungsurteile. Weitere Titel sind daneben Vollstreckungsbescheide, Prozessvergleiche, Kostenfestsetzungsbeschlüsse, Regelunterhaltsbeschlüsse, Unterhaltsabänderungsbeschlüsse, für vollstreckbar erklärte Vergleiche, notarielle Urkunden, Arrestbefehle und einstweilige Verfügungen. In den weitaus meisten Fällen haben die Gläubiger für ihr weiteres Vorgehen dann auch keinerlei Erkenntnisse und Informationen über die weiteren wirtschaftlichen Verhältnisse ihrer Schuldner. Den Gläubigern bleibt dann nur die Möglichkeit, die Vollstreckung durch den

Gerichtsvollzieher zu versuchen, in der oft nur vagen Hoffnung, dass dieser das Geld einziehen wird oder zumindest weitere Auskünfte über den Schuldner einholen kann, die dann andere Vollstreckungsmöglichkeiten wie beispielsweise die Lohnpfändung eröffnen.

Lösung: Regelmäßig hat ein Schuldner Kenntnis von einer Forderung seines Gläubigers, bevor dieser in dessen Arbeitseinkommen vollstrecken wird. Der Vollstreckung ist ein nach strengen Regeln ablaufendes Gerichtsverfahren vorausgegangen, bei welchem der Schuldner als Betroffener zu beteiligen war. Seine tatsächliche oder vorgeschobene Unwissenheit ist daher eher auf den weitverbreiteten Umstand zurückzuführen, lästige Gläubiger und deren Forderungen gerne zu vergessen, als darauf, von der Angelegenheit keinerlei Kenntnis erhalten zu haben. Allein von der konkreten Vollstreckungsmaßnahme musste der Gläubiger seinen Schuldner vorab nicht unterrichten.

2.3 Besondere Voraussetzungen für die Pfändung

Fall: Dem Arbeitgeber wird ein Beschluss zugestellt, wonach das Arbeitseinkommen zwar gepfändet wird, dies aber nur im Wege der Sicherungsvollstreckung geschehe. Weitere Zusätze, dass der Arbeitgeber die gepfändeten Beträge an den Gläubiger auszuzahlen hat, fehlen. Wie hat sich der Arbeitgeber jetzt zu verhalten?

Es ist denkbar, dass ein Gläubiger die Zwangsvollstreckung auch dann schon durchführen will, wenn das zugrunde liegende Urteil noch gar nicht rechtskräftig ist. Gerade in der Vollstreckung zeigt es sich erst, welchen tatsächlichen Wert ein Titel überhaupt hat. Andererseits ist es möglich, dass eine nicht rechtskräftige Entscheidung in der nächsten Instanz wieder aufgehoben wird. Könnte der Gläubiger bis dahin bereits erfolgreich über den geforderten Geldbetrag verfügen, hätte im Nachhinein der in diesem Fall zu Unrecht angegangene Schuldner nun das Risiko, wieder an sein Geld zu kommen. Diesen Interessenwiderstreit soll die Sicherungsvollstreckung ausgleichen. In diesem Fall ist die Pfandverwertung ausgeschlossen. Die Überweisung oder andere Verwertung darf daher nicht erfolgen, wenn das Urteil nur vorläufig vollstreckbar ist, der Gläubiger Sicherheit aber nicht geleistet hat.

Andererseits darf bereits die Pfändung erfolgen. Diese Pfändung bewirkt die Beschlagnahme der Forderung (Verstrickung) für den Gläubiger. Die Pfändung begründet für den Gläubiger ein Pfändungspfandrecht an der Forderung und damit eine Sicherstellung für die Befriedigung. Die Befriedigung des Gläubigers erfolgt erst durch die Pfandverwertung. In diesem Fall muss dann noch ein gesonderter Überweisungsbeschluss ergehen. Im amtlichen

Formular ist daher angeordnet, ob es sich um einen Pfändungs- und Überweisungsbeschluss oder „nur“ um einen Pfändungsbeschluss handelt.

Lösung: Der Arbeitgeber hat daher bei der Sicherungsvollstreckung die pfändbaren Beträge des Arbeitseinkommens zwar einzubehalten, diese aber keinesfalls an den Gläubiger abzuführen. Sobald ein entsprechender Überweisungsbeschluss vorliegt, sind die einbehaltenen Beträge an den Gläubiger auszuzahlen. Bei einer Aufhebung des Pfändungsbeschlusses aufgrund anderweitiger Entscheidung des Instanzgerichts sind diese Beträge dann an den Arbeitnehmer bzw. an nachrangige Pfändungsgläubiger auszuzahlen.

2.4 Vollstreckungshindernisse

Fall: Nach erfolgter Pfändung legt der Arbeitnehmer dem Arbeitgeber eine Bankquittung bzw. einen Überweisungsbeleg vor, wonach er den vom Gläubiger geforderten Geldbetrag bereits an den Gläubiger überwiesen hätte. Wie muss sich der Arbeitgeber jetzt verhalten?

Vollstreckungsmaßnahmen können sich mit zwischenzeitlichen Zahlungen des Schuldners oder Tilgungen aufgrund weiterer Vollstreckungsmaßnahmen des Gläubigers überschneiden. Es ist nicht immer eine böse Absicht des Gläubigers, die das verursacht. Die Ursachen liegen zumeist in den langen Zahlwegen bzw. den Bearbeitungszeiten der Anträge beim Vollstreckungsgericht. Vor jeder Vollstreckung hat das Vollstreckungsgericht zu prüfen, ob keine Vollstreckungshindernisse, wie z. B. die zwischenzeitliche Zahlung, vorliegen. Sollte dies der Fall sein, ist die Vollstreckung von vornherein unzulässig. Wird ein solches Vollstreckungshindernis erst später bekannt, ist die eingeleitete Vollstreckungsmaßnahme entweder aufzuheben oder einzustellen. Bei der Vorlage eines Zahlungsbeleges hat nur die einstweilige Einstellung im jeweiligen Stadium zu erfolgen. Allerdings muss dieser Umstand gegenüber dem Vollstreckungsgericht geltend gemacht werden. Allein der Nachweis gegenüber dem Arbeitgeber ist nicht ausreichend und entbindet den Arbeitgeber nicht von seiner Verpflichtung, den Pfändungsbeschluss zu beachten.

Lösung: Die Einwände des Schuldners müssen also gegenüber dem Vollstreckungsgericht erfolgen. Bestreitet der Gläubiger dort die vorgebrachten Tatsachen, ist die Vollstreckung fortzuführen. Ist der Schuldner damit nicht einverstanden, muss er im Klagewege gegen den Gläubiger vorgehen. Der Arbeitgeber muss die Vorgaben des Pfändungs- und Überweisungsbeschlusses bis dahin weiter beachten.

3. Der Pfändungs- und Überweisungsbeschluss

3.1 Inhalt des Beschlusses

Fall: Malermeister Müller beschäftigt den Mitarbeiter Gerhard Schmidt. Seit vielen Jahren liegt hier eine Lohnpfändung des Gläubigers G1 vor, für welchen Müller auch jeden Monat gewisse Geldbeträge einbehalten und abführen kann. Aus steuerlichen Erwägungen heraus entschließt sich Müller, das Malergeschäft in der Form einer GmbH weiterzuführen und Gerhard Schmidt dort weiterzubeschäftigen. Er überlegt sich nun, wie er sich wegen der Lohnpfändung verhalten muss. Außerdem gehen nach der GmbH-Gründung zulasten seines Mitarbeiters zwei weitere Lohnpfändungen ein. Bei der Pfändung für den Gläubiger G2 fehlt allerdings bei der Bezeichnung des Drittschuldners die Angabe der GmbH-Form. In der Pfändung für den Gläubiger G3 ist zwar der Drittschuldner richtig bezeichnet, nur lautet die Schuldnerbezeichnung auf Paul Gerhardt Schmied.

Der Pfändungs- und Überweisungsbeschluss wird nur auf Antrag erlassen. Die Hinzuziehung eines Rechtsanwalts ist nicht erforderlich. In der Vergangenheit konnte der Gläubiger einen Antrag auf Pfändungs- und Überweisungsbeschluss formlos bei Gericht stellen. Mit der Verordnung über Formulare für die Zwangsvollstreckung (Zwangsvollstreckungsformular-Verordnung – ZVFV) vom 23.08.2012 wurden Formulare für den Antrag auf Erlass eines Pfändungs- und Überweisungsbeschlusses eingeführt, die seit dem 01.03.2013 verbindlich genutzt werden müssen. Die Verordnung selbst ist am 01.09.2012 in Kraft getreten. Das Formular wurde Ende 2022 überarbeitet und nun wiederum 2024. Das Formular aus dem Jahr 2022 kann noch bis Ende September 2025 verwendet werden. Das ab 01.09.2024 neu gestaltete Formular ist dann zwingend erst ab dem 01.10.2025 zu verwenden, optional aber bereits jetzt. Das neue Formular ist im Folgenden abgedruckt. Das bis Ende September 2025 verwendbare Formular betrifft die Pfändung wegen „gewöhnlichen" Geldforderungen und wegen Forderungen aus einer vorsätzlichen unerlaubten Handlung, wobei bei einer vorsätzlichen unerlaubten Handlung der Gläubiger Extraangaben machen muss, für welche das Formular keine Extrafelder enthält. Ein weiteres Formular betrifft die Pfändung wegen Unterhaltsforderungen. Bei einer Pfändung mit dem nunmehr neu gefassten Formular ab 01.09.2024 sind nun die Pfändungen für „gewöhnliche" Gläubiger, Unterhaltsgläubiger und Gläubiger wegen Forderungen aus einer vorsätzlichen unerlaubten Handlung in einem Formular zusammengefasst. Der Arbeitgeber muss daher sorgfältig prüfen, ob hier die generellen Pfändungsgrenzen nach der Pfändungstabelle hinsichtlich „gewöhnlicher" Gläubiger anzuwenden sind oder eine Herabsetzung für

Unterhaltsgläubiger und Gläubiger einer vorsätzlichen unerlaubten Handlung angeordnet ist. Bisher konnte der Arbeitgeber schon durch das verwendete Formular eine Unterscheidung vornehmen. Das neue Formular steht zum Download als PDF-Datei bei den Gerichten und beim Bundesministerium der Justiz zur Verfügung.

Der Antrag des Gläubigers muss die zu pfändende Forderung nach Gläubiger, Schuldner, Schuldgegenstand, Schuldgrund und Drittschuldner so genau bezeichnen, dass die Identität unzweifelhaft auch von einem Dritten, der die besonderen Verhältnisse nicht kennt, festgestellt werden kann. Dem Antrag ist der Vollstreckungstitel mit Zustellungsnachweis beizufügen wie auch weitere Belege über bisher angefallene Vollstreckungskosten, soweit diese vom Gläubiger geltend gemacht werden. Auf einen solchen Antrag hin erlässt der Rechtspfleger den Pfändungs- und Überweisungsbeschluss, nachdem er geprüft hat, ob die bereits erläuterten allgemeinen und besonderen Voraussetzungen für die Pfändung vorliegen und keine Vollstreckungshindernisse bestehen.

Lösung: Die Pfändung durch G1 erfolgte hier zeitlich vor der Gründung der GmbH. Die Tätigkeit des Rechtspflegers ist mit dem damaligen Erlass des Pfändungs- und Überweisungsbeschlusses erledigt, wenn und soweit hier der Gläubiger nicht einen neuen Antrag stellen muss und der Beschluss weiterhin auch gegenüber der GmbH Wirkung hat. Bei Betriebsübergang bzw. Betriebsinhaberwechsel tritt der neue Inhaber in die Rechte und Pflichten aus den im Zeitpunkt des Übergangs bestehenden Arbeitsverhältnissen ein, vgl. § 613a BGB. Eine Lohnpfändung erfasst daher mit ihrem bisherigen Rang auch die Ansprüche auf Arbeitseinkommen, die gegenüber dem im Wege der Betriebsnachfolge eingetretenen neuen Arbeitgeber bestehen.[2] Gleiches gilt bei der Überführung der Belegschaft in einen anderen Betrieb. Bei Rechtsnachfolge auf Arbeitgeberseite, z. B. Geschäftsfortführung durch die Erben, oder bei Änderung der Rechtsform des Drittschuldners, z. B. Änderung einer OHG in eine KG, besteht das Arbeitsverhältnis fort, sodass auch die Lohnpfändung mit ihrem ursprünglichen Rang weiterwirkt.

Die GmbH muss daher die Pfändung hier weiter beachten.

Bei Gläubiger G2 ergibt sich das Problem, dass die Bezeichnung des Drittschuldners nicht unzweifelhaft feststeht. Denkbar und für einen Außenstehenden nicht ohne Weiteres ersichtlich könnte sein, dass neben der GmbH auch noch eine Einzelfirma weiterbesteht, selbst wenn diese die gleiche Anschrift hat. Die Pfändung bezeichnet hier also nicht den richtigen Drittschuldner. Genau genommen erging die Pfändung gegenüber dem Malermeister Müller und nicht gegenüber der GmbH. Der Pfändungsbeschluss ist damit allerdings weder rechtswidrig noch

2 Boewer, Rn. 159.

unwirksam, da der Rechtspfleger nicht prüfen musste und auch nicht konnte, ob es eine solche Firma überhaupt (noch) gibt und ob der Schuldner dort überhaupt beschäftigt ist. Vor diesem Hintergrund ist auch die gebräuchliche Formulierung in den Beschlüssen zu verstehen, dass die „angeblichen" Ansprüche gepfändet werden. Malermeister Müller muss daher eine Drittschuldnererklärung dahingehend abgeben, dass der Schuldner bei ihm nicht beschäftigt ist.

Bei der Pfändung durch den Gläubiger G3 wurde die Namensbezeichnung des Schuldners ungenau wiedergegeben. Die fehlerhafte Schreibweise des Vor- und des Nachnamens sind hier unschädlich, wenn weitere Anhaltspunkte wie Geburtsdatum und Anschrift des Schuldners im Beschluss unzweifelhaft auf seine Person schließen lassen. Die Grenze der zulässigen Auslegung wird allerdings dann überschritten sein, wenn weitere Namenszusätze oder Abweichungen hinzukommen, die Zweifel an der Identität des Schuldners aufkommen lassen. Der Arbeitgeber ist in diesem Fall gehalten, die Pfändung mit der Begründung zurückzuweisen, dass der betreffende Schuldner nicht bei ihm beschäftigt sei.

Im konkreten Fall erfolgte neben der relativ geringfügigen Ungenauigkeit bei der Schreibweise des Vor- und Nachnamens nur ein weiterer Namenszusatz, sodass es vertretbar erscheint, wenn der Arbeitgeber hier seinen Mitarbeiter befragt, ob die Pfändung ihn betrifft. Sollten sich die Zweifel dann aber immer noch nicht ausräumen lassen, ist auch in diesem Fall davon auszugehen, dass die Pfändung nicht den Beschäftigten betrifft. Die Drittschuldnererklärung des Arbeitgebers sollte in diesem Fall mit dem Inhalt erfolgen, dass der Vollstreckungsschuldner (Namenswiederholung wie im Pfändungsbeschluss) nicht bei ihm beschäftigt ist. Der Gläubiger muss in diesem Fall versuchen, entweder eine klarstellende Entscheidung des Vollstreckungsgerichts herbeizuführen oder, mit dem Risiko des Rangverlustes, ggf. einen neuen Pfändungsbeschluss beantragen.

Amtsgericht ______________________

– Vollstreckungsgericht –

Vom Gericht auszufüllen:
Geschäftszeichen: ______________

Beschluss

In der Zwangsvollstreckungssache

A

des Gläubigers (zu Ziffer ______)

☐ Herrn ☐ Frau ☐ Unternehmen ☐ ______________

Name/Firma | ggf. Vorname(n)

Straße | Hausnummer

Postleitzahl | Ort

Land (wenn nicht Deutschland) | Geschäftszeichen

Registergericht | Registernummer

☐ Der Gläubiger ist nicht vorsteuerabzugsberechtigt.

☐ sowie der weiteren Gläubiger gemäß weiterer Anlage

Gläubiger (zu Ziffer ______) vertreten durch

☐ den gesetzlichen Vertreter

☐ Herrn ☐ Frau ☐ ______
Name
Vorname(n)
Straße
Hausnummer
Postleitzahl
Ort
Land (wenn nicht Deutschland)

☐ den gerichtlich bestellten Betreuer,
☐ der eine Ausschließlichkeitserklärung abgegeben hat (§ 53 Absatz 2 ZPO)

☐ Herrn ☐ Frau ☐ ______
Firma/Name
ggf. Vorname(n)
Straße
Hausnummer
Postleitzahl
Ort
Land (wenn nicht Deutschland)

Firma oder Funktion
☐

☐ diese vertreten durch
Funktion
Name
ggf. Vorname(n)

☐ den gesetzlichen Vertreter

☐ Herrn ☐ Frau ☐ ______
Name
Vorname(n)
Straße | Hausnummer
Postleitzahl | Ort
Land (wenn nicht Deutschland)

A

Gläubiger (zu Ziffer ______) vertreten durch den Bevollmächtigten

☐ Herrn ☐ Frau ☐ Unternehmen ☐ ______

Name/Firma ______ ggf. Vorname(n) ______

Straße ______ Hausnummer ______ Postleitzahl ______ Ort ______

Land (wenn nicht Deutschland) ______ Geschäftszeichen ______

Bankverbindung des

☐ Gläubigers: ☐ gesetzlichen Vertreters: ☐ Bevollmächtigten: ☐ abweichenden Kontoinhabers:

Name des Kontoinhabers

IBAN ______ BIC (Angabe kann entfallen, wenn IBAN mit DE beginnt) ______

Verwendungszweck ______

gegen

B

den Schuldner (zu Ziffer ______)

☐ Herr ☐ Frau ☐ Unternehmen ☐ ______

Name/Firma ______ ggf. Vorname(n) ______

Straße ______ Hausnummer ______

Postleitzahl ______ Ort ______ Land (wenn nicht Deutschland) ______

Geschäftszeichen ______ Geburtsdatum ______ Geburtsort ______

Registergericht ______ Registernummer ______

☐ sowie die weiteren Schuldner gemäß weiterer Anlage

Schuldner (zu Ziffer ______) vertreten durch

☐ den gesetzlichen Vertreter

☐ Herrn ☐ Frau ☐ ______

Name ______

Vorname(n) ______

Straße ______

Hausnummer ______

Postleitzahl ______

Ort ______

Land (wenn nicht Deutschland) ______

☐ den gerichtlich bestellten Betreuer,

☐ der eine Ausschließlichkeitserklärung abgegeben hat (§ 53 Absatz 2 ZPO)

☐ Herrn ☐ Frau ☐ ______

Firma/Name ______

ggf. Vorname(n) ______

Straße ______

Hausnummer ______

Postleitzahl ______

Ort ______

Land (wenn nicht Deutschland) ______

☐ Firma oder Funktion ______

☐ diese vertreten durch

Funktion ______

Name ______

ggf. Vorname(n) ______

B

☐ den gesetzlichen Vertreter
☐ Herrn ☐ Frau ☐ ______
Name

Vorname(n)

Straße Hausnummer

Postleitzahl Ort

Land (wenn nicht Deutschland)

Schuldner (zu Ziffer ______) vertreten durch den Bevollmächtigten

☐ Herrn ☐ Frau ☐ Unternehmen ☐ ______
Name/Firma ggf. Vorname(n)

Straße Hausnummer Postleitzahl Ort

Land (wenn nicht Deutschland) Geschäftszeichen

ergeht folgender

☐ Pfändungs- und Überweisungsbeschluss ☐ Pfändungsbeschluss:

Die Gläubiger können von den Schuldnern

C

aus dem Vollstreckungstitel (zu Ziffer ______)

Art Aussteller

Datum Geschäftszeichen

sowie aus dem Vollstreckungstitel (zu Ziffer ______)

Art Aussteller

Datum Geschäftszeichen

☐ sowie aus den weiteren Vollstreckungstiteln aufgeführt in weiterer Anlage

die sich aus den als Anlagen beigefügten Forderungsaufstellungen ergebenden Beträge beanspruchen.

Wegen dieser Ansprüche

Vom Gericht auszufüllen:

☐ **sowie wegen der Kosten für die Zustellung dieses Beschlusses an sämtliche aufgeführte Schuldner und sämtliche aufgeführte Drittschuldner**

werden

gegenüber dem Drittschuldner (zu Ziffer ______)

☐ Herrn ☐ Frau ☐ Unternehmen ☐ ______

Name/Firma ggf. Vorname(n)

Straße Hausnummer

Postleitzahl Ort

Land (wenn nicht Deutschland)

Registergericht Registernummer

Geschäftszeichen elektronische Zustelladresse

wegen der Forderungen, Ansprüche und sonstigen Rechte des Schuldners (zu Ziffer ______) aus den Modulen ______

sowie dem Drittschuldner (zu Ziffer ______)

☐ Herrn ☐ Frau ☐ Unternehmen ☐ ______

Name/Firma ggf. Vorname(n)

Straße Hausnummer

Postleitzahl Ort

D Land (wenn nicht Deutschland)

Registergericht Registernummer

Geschäftszeichen elektronische Zustelladresse

wegen der Forderungen, Ansprüche und sonstigen Rechte des Schuldners (zu Ziffer ______) aus den Modulen ______

sowie dem Drittschuldner (zu Ziffer ______)

☐ Herrn ☐ Frau ☐ Unternehmen ☐ ______

Name/Firma ggf. Vorname(n)

Straße Hausnummer

Postleitzahl Ort

Land (wenn nicht Deutschland)

Registergericht Registernummer

Geschäftszeichen elektronische Zustelladresse

wegen der Forderungen, Ansprüche und sonstigen Rechte des Schuldners (zu Ziffer ______) aus den Modulen ______

☐ sowie den weiteren Drittschuldnern aufgeführt in weiterer Anlage

die angeblichen fälligen und noch künftig fällig werdenden nachfolgend aufgeführten Forderungen, sonstigen Ansprüche und anderen Vermögensrechte der Schuldner so lange gepfändet, bis der Gläubigeranspruch gedeckt ist:

E

Forderungen gegenüber Arbeitgebern

1. Forderung auf Zahlung des gesamten gegenwärtigen und künftigen Arbeitseinkommens (einschließlich des Geldwertes von Sachbezügen)
2. Forderung auf Auszahlung des als Überzahlung jeweils auszugleichenden Erstattungsbetrages aus dem durchgeführten Lohnsteuer-Jahresausgleich sowie aus dem Kirchenlohnsteuer-Jahresausgleich für das Kalenderjahr ______ und für alle folgenden Kalenderjahre
3. Forderung auf Zahlung des Kurzarbeitergeldes

☐ ______

F

Forderungen gegenüber ☐ Agentur für Arbeit ☐ Versicherungsträger ☐ Versorgungseinrichtung

Forderung auf Zahlung der nachfolgend genannten gegenwärtig und künftig dem Schuldner zustehenden Geldleistungen:

Bezeichnung der Geldleistung	Konto-/Versicherungs-/Mitgliedsnummer

☐ ______

G

Forderungen gegenüber dem Finanzamt

Forderung auf Auszahlung des als Überzahlung auszugleichenden Erstattungsbetrages bzw. des Überschusses, der sich als Erstattungsanspruch bei Abrechnung der auf die Einkommensteuer (zuzüglich Solidaritätszuschlag) und Kirchensteuer sowie Körperschaftsteuer anzurechnenden Leistungen für das abgelaufene Kalenderjahr ______
☐ und für alle früheren Kalenderjahre
ergibt.

☐ ______

H

Forderungen und sonstige Rechte gegenüber Kreditinstituten

1. Forderung auf Zahlung der zu Gunsten des Schuldners bestehenden Guthaben seiner sämtlichen Zahlungskonten bei diesen Kreditinstituten einschließlich der Ansprüche auf Gutschrift der eingehenden Beträge; mitgepfändet wird die angebliche (gegenwärtige und künftige) Forderung des Schuldners an den Drittschuldner auf Auszahlung eines vereinbarten Dispositionskredits („offene Kreditlinie"), soweit der Schuldner den Kredit in Anspruch nimmt
2. Forderung auf Auszahlung des Guthabens und der bis zum Tag der Auszahlung aufgelaufenen Zinsen sowie das Recht auf fristgerechte bzw. vorzeitige Kündigung der für ihn geführten Sparguthaben und/oder Festgeldkonten
3. Forderung auf Auszahlung der bereitgestellten, noch nicht abgerufenen Darlehensvaluta aus einem Kreditgeschäft, wenn es sich nicht um zweckgebundene Ansprüche handelt
4. Forderung auf Zahlung aus dem zum Wertpapierkonto gehörenden Gegenkonto, auf dem die Zinsgutschriften für die festverzinslichen Wertpapiere gutgeschrieben sind

☐ Anspruch auf Zugang zu Bankschließfächern und auf Mitwirkung des Drittschuldners bei der Öffnung des Bankschließfachs bzw. auf die Öffnung des Bankschließfachs allein durch den Drittschuldner zum Zweck der Entnahme des Inhalts

☐ Anspruch auf Herausgabe der in den Depots und Unterdepots des Schuldners verwahrten Wertpapiere aus Sonder- und Drittverwahrung mitsamt den Eigentumsrechten an den Wertpapieren sowie bei Sammelverwahrung den Anspruch auf Herausgabe einer dem Anteil bzw. dem Wertpapiernennbetrag des Schuldners entsprechenden Anzahl von Einzelstücken aus der Sammelverwahrung mitsamt dem Miteigentumsanteil des Schuldners am Sammelbestand sowie bei Verbriefung von Wertpapieren in Sammelurkunden, insbesondere Globalurkunden, den Anspruch auf Übertragung der Buchforderung bzw. auf Umbuchung von Girosammel-Depotgutschriften mitsamt dem Miteigentumsanteil des Schuldners an solchen Sammelurkunden, jeweils einschließlich des Anspruchs auf Auskehrung von jeglichen Wertpapiererträgen

☐ ______

I

Forderungen und sonstige Rechte gegenüber Bausparkassen

aus dem über eine Bausparsumme von (rund) ______ Euro abgeschlossenen Bausparvertrag Nummer Vertragsnummer

______,

insbesondere

1. Forderung auf Auszahlung des Bausparguthabens nach Zuteilung
2. Forderung auf Auszahlung der Sparbeiträge nach Einzahlung der vollen Bausparsumme
3. Forderung auf Rückzahlung des Sparguthabens nach Kündigung
4. Recht zur Kündigung und Änderung des Vertrags

☐ ______

J

Forderungen und sonstige Rechte gegenüber Versicherungsgesellschaften

1. Forderung auf Zahlung der Versicherungssumme, der Gewinnanteile und des Rückkaufwertes aus den Lebensversicherungen, die mit dem Drittschuldner abgeschlossen sind
2. Recht zur Bestimmung desjenigen, zu dessen Gunsten im Todesfall die Versicherungssumme ausgezahlt wird, bzw. Recht zur Bestimmung einer anderen Person an Stelle der von dem Schuldner vorgesehenen
3. Recht zur Kündigung des Lebens-/Rentenversicherungsvertrages, Recht auf Umwandlung der Lebens-/Rentenversicherung in eine prämienfreie Versicherung sowie Recht zur Aushändigung der Versicherungspolice

☐ ____________________

K

Weitere Forderungen, Ansprüche und Vermögensrechte

L

Es ergehen folgende Anordnungen nach § 829 Absatz 1 und § 835 Absatz 1 ZPO:

Die Drittschuldner dürfen, soweit die Forderungen gepfändet sind, an die Schuldner nicht mehr zahlen; die Schuldner dürfen insoweit nicht über die Forderungen verfügen, sie insbesondere nicht einziehen. Im Anwendungsbereich des § 850c ZPO wird auf die Pfändungsfreigrenzenbekanntmachung in der jeweils geltenden Fassung Bezug genommen (§ 850c Absatz 5 Satz 3 ZPO).

Dem Gläubiger werden die Forderungen in Höhe des gepfändeten Betrages

☐ **zur Einziehung überwiesen**. ☐ an Zahlungs statt überwiesen.

M

Es wird des Weiteren angeordnet, dass:

☐ der Schuldner (zu Ziffer _______) die ihm vom Drittschuldner (zu Ziffer _______) ausgestellten Lohn- oder Gehaltsabrechnungen oder die Verdienstbescheinigungen einschließlich der entsprechenden Bescheinigungen der letzten drei Monate vor Zustellung dieses Beschlusses an die Gläubiger herauszugeben hat.

☐ der Schuldner (zu Ziffer _______) die für ihn vom Drittschuldner (zu Ziffer _______) über das jeweilige Sparguthaben geführten Sparbücher bzw. die Sparurkunden an die Gläubiger herauszugeben hat und diese die Sparbücher bzw. Sparurkunden unverzüglich dem Drittschuldner vorzulegen haben.

☐ der Schuldner (zu Ziffer _______) die ihm vom Drittschuldner (zu Ziffer _______) erteilten Kontoauszüge ab Zustellung dieses Beschlusses an den Drittschuldner im Original oder als Kopie an die Gläubiger herauszugeben hat.

☐ ein von den Gläubigern zu beauftragender Gerichtsvollzieher für die Pfändung des Inhalts Zugang zum Schließfach des Schuldners (zu Ziffer _______) bei Drittschuldner (zu Ziffer _______) zu nehmen hat.

☐ der Drittschuldner (zu Ziffer _______) an einen von den Gläubigern zu beauftragenden Gerichtsvollzieher die Wertpapiere herauszugeben hat.

☐ der Schuldner (zu Ziffer _______) die ihm vom Drittschuldner (zu Ziffer _______) ausgestellten Versicherungspolicen an den Gläubiger herauszugeben hat und dieser sie unverzüglich dem Drittschuldner vorzulegen hat.

☐ der Schuldner eine Abschrift der ihm erteilten Bescheinigung nach § 903 Absatz 1 Satz 2 ZPO an den Gläubiger herauszugeben hat.

☐ ____________________

☐ ____________________

N

Es wird nach § 850e Nummer 2 und 2a ZPO angeordnet, dass zur Berechnung des nach § 850c ZPO pfändbaren Teils des Gesamteinkommens des Schuldners (zu Ziffer ______) zusammenzurechnen sind:

☐ Arbeitseinkommen bei Drittschuldner (zu Ziffer ______) in Höhe von ____________ Euro

und

Arbeitseinkommen bei Drittschuldner (zu Ziffer ______) in Höhe von ____________ Euro.

Der unpfändbare Grundbetrag ist in erster Linie den Einkünften des Schuldners bei Drittschuldner (zu Ziffer ______) zu entnehmen, weil diese Einkünfte die wesentliche Grundlage der Lebenshaltung des Schuldners bilden.

☐ Folgende laufende Geldleistung nach dem Sozialgesetzbuch: ____________
bei Drittschuldner (zu Ziffer ______)

und

Arbeitseinkommen bei Drittschuldner (zu Ziffer ______).

Der unpfändbare Grundbetrag ist in erster Linie

☐ dem Arbeitseinkommen ☐ der genannten laufenden Geldleistung nach dem Sozialgesetzbuch

zu entnehmen.

☐ Folgende laufende Geldleistung nach dem Sozialgesetzbuch: ____________
bei Drittschuldner (zu Ziffer ______) in Höhe von ____________ Euro

und

folgende laufende Geldleistung nach dem Sozialgesetzbuch: ____________
bei Drittschuldner (zu Ziffer ______) in Höhe von ____________ Euro.

Der unpfändbare Grundbetrag ist in erster Linie den Einkünften des Schuldners bei Drittschuldner (zu Ziffer ______) zu entnehmen, weil diese Einkünfte die wesentliche Grundlage der Lebenshaltung des Schuldners bilden.

O

Es liegen folgende Angaben über die wirtschaftlichen und persönlichen Verhältnisse des Schuldners (zu Ziffer ______) vor (Angaben für Pfändungen nach § 850d ZPO (**Modul Q**) oder § 850f Absatz 2 ZPO (**Modul S**)):

Der Schuldner kommt laufenden gesetzlichen Unterhaltspflichten gegenüber nachstehend genannten Personen wie folgt nach:

Name ____________ Vorname(n) ____________

Geburtsdatum ____________ Verwandtschaftsverhältnis zum Schuldner: ____________

☐ vollständig. ☐ teilweise. ☐ nicht.

Name ____________ Vorname(n) ____________

Geburtsdatum ____________ Verwandtschaftsverhältnis zum Schuldner: ____________

☐ vollständig. ☐ teilweise. ☐ nicht.

Name ____________ Vorname(n) ____________

Geburtsdatum ____________ Verwandtschaftsverhältnis zum Schuldner: ____________

☐ vollständig. ☐ teilweise. ☐ nicht.

Angaben zur teilweisen Erfüllung von Unterhaltspflichten:

____

Sonstige Angaben:

____

Der Schuldner ist

☐ erwerbstätig. ☐ nicht erwerbstätig.

Der Schuldner ist

☐ ledig. ☐ mit dem Gläubiger verheiratet oder eine eingetragene Lebenspartnerschaft führend. ☐ mit einem Dritten verheiratet oder eine eingetragene Lebenspartnerschaft führend. ☐ geschieden.

Zusätzliche Angaben ausschließlich für Pfändungen nach § 850d ZPO (Modul Q):

☐ Der Schuldner hat sich in Bezug auf Unterhaltsrückstände, die länger als ein Jahr vor Stellung dieses Antrags fällig geworden sind, seiner Zahlungspflicht nicht absichtlich entzogen.

P

Angaben über Einkünfte von Unterhaltsberechtigten (zusätzliche Angaben für Pfändungen nach § 850d ZPO (**Modul Q**) oder § 850f Absatz 2 ZPO (**Modul S**) sowie bei Anträgen nach § 850c Absatz 6 ZPO (**Modul R**)):

Folgende Personen, denen der Schuldner (zu Ziffer ______) aufgrund gesetzlicher Verpflichtung Unterhalt gewährt, haben eigenes Einkommen:

der Ehegatte oder eingetragene Lebenspartner

Name ______ Vorname(n) ______

Art und Höhe des Einkommens ______

die Kinder

Name ______ Vorname(n) ______ Geburtsdatum ______

Art und Höhe des Einkommens ______

Name ______ Vorname(n) ______ Geburtsdatum ______

Art und Höhe des Einkommens ______

Name ______ Vorname(n) ______ Geburtsdatum ______

Art und Höhe des Einkommens ______

☐ ______

Q

☐ **Es wird eine Pfändbarkeit bei Unterhaltsansprüchen gegen den Schuldner (zu Ziffer ______) nach § 850d ZPO angeordnet.**

Vom Gericht auszufüllen:

Es ergehen folgende Anordnungen nach § 850d ZPO:

☐ Für die Pfändung wegen der Rückstände, die länger als ein Jahr vor dem Antrag auf Erlass des Pfändungsbeschlusses, bei Gericht eingegangen am ______, fällig geworden sind, gilt § 850d Absatz 1 Satz 1 bis 3 ZPO nicht.

Dem Schuldner sind bis zur Deckung des Gläubigeranspruchs für seinen eigenen notwendigen Unterhalt ______ Euro als unpfändbarer Betrag monatlich zu belassen.

Darüber hinaus sind ihm bis zur Deckung des Gläubigeranspruchs als unpfändbarer Betrag monatlich zu belassen:

☐ ______ Euro zur Erfüllung seiner laufenden gesetzlichen Unterhaltspflichten gegenüber den Berechtigten, die dem Gläubiger vorgehen.

☐ ____ / ____ des verbleibenden Betrages zur gleichmäßigen Befriedigung der Unterhaltsansprüche der unterhaltsberechtigten Personen, die dem Gläubiger gleichstehen.

Der dem Schuldner danach zu belassende Teil seines Arbeitseinkommens darf den Betrag nicht übersteigen, der ihm nach der Tabelle in der Pfändungsfreigrenzenbekanntmachung in der jeweils geltenden Fassung bei voller Berücksichtigung der genannten unterhaltsberechtigten Person zu verbleiben hätte.

Dieser monatliche unpfändbare Betrag gilt für

☐ das Arbeitseinkommen und die in § 850a Nummer 1, 2 und 4 ZPO genannten Bezüge, jeweils ohne die in § 850c ZPO bezeichneten Pfändungsgrenzen.

Sonstige Anordnungen:

______

Gründe:

______

R

☐ **Es wird die (teilweise) Nichtberücksichtigung von Unterhaltsberechtigten des Schuldners (zu Ziffer ______) nach § 850c Absatz 6 ZPO angeordnet.**

Vom Gericht auszufüllen:

Bei der Berechnung des unpfändbaren Teils des

☐ Arbeitseinkommens des Schuldners

☐ Guthabens auf dem Pfändungsschutzkonto des Schuldners

bleiben nachfolgende Personen, denen der Schuldner auf Grund gesetzlicher Verpflichtung Unterhalt gewährt und die eigene Einkünfte haben, wie folgt unberücksichtigt:

Name	Vorname(n)	Geburtsdatum

☐ ganz ☐ in Höhe von ______ Euro ☐ in Höhe von ______ Prozent.

Name	Vorname(n)	Geburtsdatum

☐ ganz ☐ in Höhe von ______ Euro ☐ in Höhe von ______ Prozent.

Name	Vorname(n)	Geburtsdatum

☐ ganz ☐ in Höhe von ______ Euro ☐ in Höhe von ______ Prozent.

Gründe:

S

☐ **Es wird eine Pfändbarkeit bei Forderungen aus einer vorsätzlich begangenen unerlaubten Handlung des Schuldners (zu Ziffer ______) nach § 850f Absatz 2 ZPO angeordnet.**

Vom Gericht auszufüllen:

Der pfändbare Teil des Arbeitseinkommens wird ohne Rücksicht auf die in § 850c ZPO vorgesehenen Beschränkungen bestimmt.

Dem Schuldner sind

☐ von dem pfändbaren Arbeitseinkommen

☐ von dem Guthaben auf seinem Pfändungsschutzkonto

für seinen eigenen notwendigen Unterhalt ______ Euro

☐ sowie zur Erfüllung seiner laufenden gesetzlichen Unterhaltspflichten ______ Euro monatlich zu belassen.

Gründe:

T

Vom Gericht auszufüllen:

Vom Gericht auszufüllen:

Datum ______ Name Rechtspflegerin/Rechtspfleger ______ ______

Unterschrift Rechtspflegerin/Rechtspfleger

☐ Ausgefertigt ☐ Beglaubigt

Datum ______ Name Urkundsbeamtin/Urkundsbeamter ______ ______

Unterschrift Urkundsbeamtin/Urkundsbeamter

Aufstellung von Forderungen, die keine gesetzlichen Unterhaltsansprüche sind, für den Antrag auf Erlass eines Pfändungsbeschlusses und eines Pfändungs- und Überweisungsbeschlusses

Lfd. Nr.

Die Gläubiger können von den Schuldnern aus dem Vollstreckungstitel (zu Ziffer _______) die nachfolgend aufgeführten Beträge beanspruchen:

I. Hauptforderungen einschließlich dazugehöriger Zinsen und Säumniszuschläge			
☐ Hauptforderung	☐ Restforderung aus Hauptforderung in Höhe von ________ Euro	☐ Teilforderung aus Hauptforderung in Höhe von ________ Euro	________ Euro
(Teil /Rest)Zinsen wie im Vollstreckungstitel ausgerechnet			________ Euro
(Teil /Rest)Zinsen in Höhe von			
☐ ______ Prozentpunkten über dem jeweiligen Basiszinssatz ☐ ______ Prozent aus ________ Euro seit dem ______ bis ______			________ Euro
☐ ______ Prozentpunkten über dem jeweiligen Basiszinssatz ☐ ______ Prozent aus ________ Euro seit dem ______ bis ______			________ Euro
☐ ______ Prozentpunkten über dem jeweiligen Basiszinssatz ☐ ______ Prozent aus ________ Euro seit dem ______			
☐ ______ Prozentpunkten über dem jeweiligen Basiszinssatz ☐ ______ Prozent aus ________ Euro seit dem ______			
☐ Hauptforderung	☐ Restforderung aus Hauptforderung in Höhe von ________ Euro	☐ Teilforderung aus Hauptforderung in Höhe von ________ Euro	________ Euro
(Teil /Rest)Zinsen wie im Vollstreckungstitel ausgerechnet			________ Euro
(Teil /Rest)Zinsen in Höhe von			
☐ ______ Prozentpunkten über dem jeweiligen Basiszinssatz ☐ ______ Prozent aus ________ Euro seit dem ______ bis ______			________ Euro
☐ ______ Prozentpunkten über dem jeweiligen Basiszinssatz ☐ ______ Prozent aus ________ Euro seit dem ______ bis ______			________ Euro
☐ ______ Prozentpunkten über dem jeweiligen Basiszinssatz ☐ ______ Prozent aus ________ Euro seit dem ______			
☐ ______ Prozentpunkten über dem jeweiligen Basiszinssatz ☐ ______ Prozent aus ________ Euro seit dem ______			
☐ Hauptforderung	☐ Restforderung aus Hauptforderung in Höhe von ________ Euro	☐ Teilforderung aus Hauptforderung in Höhe von ________ Euro	________ Euro
Säumniszuschläge gemäß ________ aus ________ Euro seit dem ______ bis ______			________ Euro
Säumniszuschläge gemäß ________ aus ________ Euro seit dem ______			
☐ ________			________ Euro

II. Renten aus Anlass einer Verletzung des Körpers oder der Gesundheit
Die Rente in Höhe von ________ Euro ist zu zahlen:
☐ wöchentlich ☐ monatlich ☐ vierteljährlich
laufend ab ________
zahlbar am ______ (Wochentag bzw. bezifferten Tag des Monats oder des Jahres angeben)
☐ jeder Woche ☐ jeden Monats ☐ jeden Jahres ☐ bis ________

III. Titulierte Kosten einschließlich dazugehöriger Nebenforderungen			
In den Vollstreckungsbescheid aufgenommene Kosten des Mahnverfahrens			
☐ Gesamtkosten	☐ Restkosten aus Gesamtkosten in Höhe von ______ Euro	☐ Teilkosten aus Gesamtkosten in Höhe von ______ Euro	______ Euro
(Teil-/Rest-)Zinsen wie im Vollstreckungsbescheid ausgerechnet			______ Euro
(Teil /Rest)Zinsen in Höhe von			
☐ ______ Prozentpunkten über dem jeweiligen Basiszinssatz ☐ ______ Prozent aus ______ Euro seit dem ______ bis ______			______ Euro
☐ ______ Prozentpunkten über dem jeweiligen Basiszinssatz ☐ ______ Prozent aus ______ Euro seit dem ______ bis ______			______ Euro
☐ ______ Prozentpunkten über dem jeweiligen Basiszinssatz ☐ ______ Prozent aus ______ Euro seit dem ______			
☐ ______ Prozentpunkten über dem jeweiligen Basiszinssatz ☐ ______ Prozent aus ______ Euro seit dem ______			
Titulierte vorgerichtliche Kosten			
☐ Gesamtkosten	☐ Restkosten aus Gesamtkosten in Höhe von ______ Euro	☐ Teilkosten aus Gesamtkosten in Höhe von ______ Euro	______ Euro
(Teil /Rest)Zinsen wie im Vollstreckungstitel ausgerechnet			______ Euro
(Teil /Rest)Zinsen in Höhe von			
☐ ______ Prozentpunkten über dem jeweiligen Basiszinssatz ☐ ______ Prozent aus ______ Euro seit dem ______ bis ______			______ Euro
☐ ______ Prozentpunkten über dem jeweiligen Basiszinssatz ☐ ______ Prozent aus ______ Euro seit dem ______ bis ______			______ Euro
☐ ______ Prozentpunkten über dem jeweiligen Basiszinssatz ☐ ______ Prozent aus ______ Euro seit dem ______			
☐ ______ Prozentpunkten über dem jeweiligen Basiszinssatz ☐ ______ Prozent aus ______ Euro seit dem ______			
Festgesetzte Kosten			
☐ Gesamtkosten	☐ Restkosten aus Gesamtkosten in Höhe von ______ Euro	☐ Teilkosten aus Gesamtkosten in Höhe von ______ Euro	______ Euro
(Teil-/Rest-)Zinsen wie im Kostenfestsetzungsbeschluss ausgerechnet			______ Euro
(Teil /Rest)Zinsen in Höhe von			
☐ ______ Prozentpunkten über dem jeweiligen Basiszinssatz ☐ ______ Prozent aus ______ Euro seit dem ______ bis ______			______ Euro
☐ ______ Prozentpunkten über dem jeweiligen Basiszinssatz ☐ ______ Prozent aus ______ Euro seit dem ______ bis ______			______ Euro
☐ ______ Prozentpunkten über dem jeweiligen Basiszinssatz ☐ ______ Prozent aus ______ Euro seit dem ______			
☐ ______ Prozentpunkten über dem jeweiligen Basiszinssatz ☐ ______ Prozent aus ______ Euro seit dem ______			
☐ ______			______ Euro

IV. Kosten der Zwangsvollstreckung gemäß § 788 Absatz 1 ZPO	
Bisherige Vollstreckungskosten gemäß Aufstellung in weiterer Anlage	______ Euro
Kosten für dieses Verfahren:	
Gerichtskosten nach GKG (Gebühr nach KV Nr. 2111)	______ Euro
Rechtsanwaltskosten nach RVG (Gegenstandswert (§ 25 RVG): ______ Euro)	
Verfahrensgebühr (VV Nr. 3309, ggf. i. V. m. VV Nr. 1008)	______ Euro
Entgelte für Post- und Telekommunikationsdienstleistungen, ggf. Pauschale (VV Nr. 7001 oder 7002)	______ Euro
weitere Auslagen ______	______ Euro
Umsatzsteuer (VV Nr. 7008)	______ Euro
Zwischensumme Rechtsanwaltskosten ______ **Euro**	
Kosten von Inkassodienstleistern nach § 13e RDG gemäß Aufstellung in weiterer Anlage	______ Euro
☐ ______	______ Euro

Summe I. bis IV. (Zinsen und Säumniszuschläge nur, soweit nicht laufend)	______ **Euro**

Aufstellung von Forderungen bei der Vollstreckung von gesetzlichen Unterhaltsansprüchen für den Antrag auf Erlass eines Pfändungsbeschlusses und eines Pfändungs- und Überweisungsbeschlusses

Lfd. Nr.

	Name	Vorname(n)	geboren am
Unterhaltsberechtigter:	____	____	____

Der Gläubiger kann von dem Schuldner (zu Ziffer ____) aus dem Vollstreckungstitel (zu Ziffer ____) die nachfolgend aufgeführten Beträge beanspruchen:

I. Rückständigen Unterhalt einschließlich dazugehöriger Zinsen und Säumniszuschläge			
Unterhaltsrückstand für die Zeit vom ____ bis ____			____ Euro
(Teil-/Rest-)Zinsen wie im Vollstreckungstitel ausgerechnet			____ Euro
(Teil-/Rest-)Zinsen in Höhe von			
☐ ____ Prozentpunkten über dem jeweiligen Basiszinssatz ☐ ____ Prozent aus ____ Euro seit dem ____ bis ____			____ Euro
☐ ____ Prozentpunkten über dem jeweiligen Basiszinssatz ☐ ____ Prozent aus ____ Euro seit dem ____ bis ____			____ Euro
☐ ____ Prozentpunkten über dem jeweiligen Basiszinssatz ☐ ____ Prozent aus ____ Euro seit dem ____			
☐ ____ Prozentpunkten über dem jeweiligen Basiszinssatz ☐ ____ Prozent aus ____ Euro seit dem ____			
Unterhaltsrückstand für die Zeit von ____ bis ____			____ Euro
(Teil-/Rest-)Zinsen wie im Vollstreckungstitel ausgerechnet			____ Euro
(Teil-/Rest-)Zinsen in Höhe von			
☐ ____ Prozentpunkten über dem jeweiligen Basiszinssatz ☐ ____ Prozent aus ____ Euro seit dem ____ bis ____			____ Euro
☐ ____ Prozentpunkten über dem jeweiligen Basiszinssatz ☐ ____ Prozent aus ____ Euro seit dem ____ bis ____			____ Euro
☐ ____ Prozentpunkten über dem jeweiligen Basiszinssatz ☐ ____ Prozent aus ____ Euro seit dem ____			
☐ ____ Prozentpunkten über dem jeweiligen Basiszinssatz ☐ ____ Prozent aus ____ Euro seit dem ____			
☐ Hauptforderung	☐ Restforderung aus Hauptforderung in Höhe von ____ Euro	☐ Teilforderung aus Hauptforderung in Höhe von ____ Euro	____ Euro
Säumniszuschläge gemäß ____ aus ____ Euro seit dem ____ bis ____			____ Euro
Säumniszuschläge gemäß ____ aus ____ Euro seit dem ____			
☐ ____			____ Euro

II. Titulierte Kosten einschließlich dazugehöriger Nebenforderungen			
In den Vollstreckungsbescheid aufgenommene Kosten des Mahnverfahrens			
☐ Gesamtkosten	☐ Restkosten aus Gesamtkosten in Höhe von ______ Euro	☐ Teilkosten aus Gesamtkosten in Höhe von ______ Euro	______ Euro
(Teil-/Rest-)Zinsen wie im Vollstreckungsbescheid ausgerechnet			______ Euro
(Teil-/Rest-)Zinsen in Höhe von			
☐ ______ Prozentpunkten über dem jeweiligen Basiszinssatz ☐ ______ Prozent aus ______ Euro seit dem ______ bis ______			______ Euro
☐ ______ Prozentpunkten über dem jeweiligen Basiszinssatz ☐ ______ Prozent aus ______ Euro seit dem ______ bis ______			______ Euro
☐ ______ Prozentpunkten über dem jeweiligen Basiszinssatz ☐ ______ Prozent aus ______ Euro seit dem ______			
☐ ______ Prozentpunkten über dem jeweiligen Basiszinssatz ☐ ______ Prozent aus ______ Euro seit dem ______			
Titulierte vorgerichtliche Kosten			
☐ Gesamtkosten	☐ Restkosten aus Gesamtkosten in Höhe von ______ Euro	☐ Teilkosten aus Gesamtkosten in Höhe von ______ Euro	______ Euro
(Teil-/Rest-)Zinsen wie im Vollstreckungstitel ausgerechnet			______ Euro
(Teil-/Rest-)Zinsen in Höhe von			
☐ ______ Prozentpunkten über dem jeweiligen Basiszinssatz ☐ ______ Prozent aus ______ Euro seit dem ______ bis ______			______ Euro
☐ ______ Prozentpunkten über dem jeweiligen Basiszinssatz ☐ ______ Prozent aus ______ Euro seit dem ______ bis ______			______ Euro
☐ ______ Prozentpunkten über dem jeweiligen Basiszinssatz ☐ ______ Prozent aus ______ Euro seit dem ______			
☐ ______ Prozentpunkten über dem jeweiligen Basiszinssatz ☐ ______ Prozent aus ______ Euro seit dem ______			
Festgesetzte Kosten			
☐ Gesamtkosten	☐ Restkosten aus Gesamtkosten in Höhe von ______ Euro	☐ Teilkosten aus Gesamtkosten in Höhe von ______ Euro	______ Euro
(Teil-/Rest-)Zinsen wie im Kostenfestsetzungsbeschluss ausgerechnet			______ Euro
(Teil-/Rest-)Zinsen in Höhe von			
☐ ______ Prozentpunkten über dem jeweiligen Basiszinssatz ☐ ______ Prozent aus ______ Euro seit dem ______ bis ______			______ Euro
☐ ______ Prozentpunkten über dem jeweiligen Basiszinssatz ☐ ______ Prozent aus ______ Euro seit dem ______ bis ______			______ Euro
☐ ______ Prozentpunkten über dem jeweiligen Basiszinssatz ☐ ______ Prozent aus ______ Euro seit dem ______			
☐ ______ Prozentpunkten über dem jeweiligen Basiszinssatz ☐ ______ Prozent aus ______ Euro seit dem ______			
☐ ______			______ Euro

III. Kosten der Zwangsvollstreckung gemäß § 788 Absatz 1 ZPO	
Bisherige Vollstreckungskosten gemäß Aufstellung in weiterer Anlage	______ Euro
Kosten für dieses Verfahren:	
Gerichtskosten nach GKG (Gebühr nach KV Nr. 2111)	______ Euro
Rechtsanwaltskosten nach RVG (Gegenstandswert (§ 25 RVG): ______ Euro)	
Verfahrensgebühr (VV Nr. 3309, ggf. i. V. m. VV Nr. 1008)	______ Euro
Entgelte für Post- und Telekommunikationsdienstleistungen, ggf. Pauschale (VV Nr. 7001 oder 7002)	______ Euro
weitere Auslagen ______	______ Euro
Umsatzsteuer (VV Nr. 7008)	______ Euro
Zwischensumme Rechtsanwaltskosten ______ **Euro**	
Kosten von Inkassodienstleistern nach § 13e RDG gemäß Aufstellung in weiterer Anlage	______ Euro
☐ ______	______ Euro

IV. Statische Unterhaltsrente

Unterhalt für

☐ Kind ☐ Ehegatten/eingetragenen Lebenspartner ☐ Mutter oder Vater nach § 1615l BGB ☐ Eltern ☐ Enkel

Der Unterhalt ist zu zahlen:

☐ wöchentlich ☐ monatlich ☐ vierteljährlich

☐ laufend ab __________

☐ zahlbar am __________ (Wochentag bzw. bezifferten Tag des Monats oder des Jahres angeben)

☐ jeder Woche ☐ jeden Monats ☐ jeden Jahres ☐ bis __________

☐ Unterhalt bis zur Vollendung des **sechsten** Lebensjahres des Kindes __________ Euro

☐ Unterhalt von der Vollendung des **sechsten** Lebensjahres bis zur Vollendung des **zwölften** Lebensjahres des Kindes __________ Euro

☐ Unterhalt von der Vollendung des **zwölften** Lebensjahres bis zur Vollendung des **achtzehnten** Lebensjahres des Kindes __________ Euro

☐ Unterhalt von der Vollendung des **achtzehnten** Lebensjahres des Gläubigers an __________ Euro

☐ Unterhalt für die Zeit von __________ bis __________ __________ Euro

☐ Unterhalt für die Zeit von __________ bis __________ __________ Euro

☐ Unterhalt für die Zeit von __________ bis __________ __________ Euro

☐ Unterhalt für die Zeit ab __________

V. Dynamisierte Unterhaltsrente

Unterhalt, veränderlich gemäß dem Mindestunterhalt nach § 1612a Absatz 1 BGB, zahlbar am Ersten jeden Monats, laufend ab __________ bis __________

______ Prozent des Mindestunterhalts der **ersten Altersstufe**,

☐ abzüglich

☐ des hälftigen Kindergeldes ☐ des vollen Kindergeldes

☐ abzüglich Kindergeld in Höhe von __________ Euro

☐ abzüglich sonstiger kindesbezogener Leistungen in Höhe von __________ Euro
(derzeitiger monatlicher Zahlbetrag des Unterhalts: __________ Euro) bis zur Vollendung des **sechsten** Lebensjahres des Kindes (Zeitraum vom __________ bis __________)

______ Prozent des Mindestunterhalts der **zweiten Altersstufe**,

☐ abzüglich

☐ des hälftigen Kindergeldes ☐ des vollen Kindergeldes

☐ abzüglich Kindergeld in Höhe von __________ Euro

☐ abzüglich sonstiger kindesbezogener Leistungen in Höhe von __________ Euro
(derzeitiger monatlicher Zahlbetrag des Unterhalts: __________ Euro) vom **siebten** bis zur Vollendung des **zwölften** Lebensjahres des Kindes (Zeitraum vom __________ bis __________)

______ Prozent des Mindestunterhalts der **dritten Altersstufe**,

☐ abzüglich

☐ des hälftigen Kindergeldes ☐ des vollen Kindergeldes

☐ abzüglich Kindergeld in Höhe von __________ Euro

☐ abzüglich sonstiger kindesbezogener Leistungen in Höhe von __________ Euro
(derzeitiger monatlicher Zahlbetrag des Unterhalts: __________ Euro) ab dem **dreizehnten** Lebensjahres des Kindes (Zeitraum vom __________ bis __________)

Summe I. bis V. (Zinsen, Säumniszuschläge und Unterhaltsrenten nur, soweit nicht laufend)	__________ **Euro**

3.2 Die Zustellung an den Drittschuldner

Fall: Der Arbeitgeber A unterhält mehrere größere Filialen. Gegenüber seinem Mitarbeiter M wird am 13.08.2024 in einer Filiale in Norddeutschland eine Pfändung zugestellt. Nachforschungen ergeben am 09.08.2024, dass M in einer Filiale in Süddeutschland tätig ist. Zum 16.08.2024 erfolgte bereits die Überweisung des Lohnes für den Monat August. Wie muss sich A jetzt verhalten?

Nach Erlass des Pfändungsbeschlusses durch das Vollstreckungsgericht wird regelmäßig die Zustellung an den Drittschuldner durch den Gerichtsvollzieher vorgenommen. Der Gerichtsvollzieher muss den Zustellungsauftrag beschleunigt bearbeiten und in der Zustellungsurkunde den für den Rang und für die anderen Wirkungen der Pfändung wesentlichen Zeitpunkt der Zustellung nach Stunde und Minute anführen. Mit dieser Zustellung ist die Pfändung bewirkt. Die Zustellung kann nur an den im Pfändungsbeschluss bezeichneten Drittschuldner erfolgen. Bewirkt werden muss die Zustellung nicht an den Drittschuldner persönlich, sie kann auch im Wege der Ersatzzustellung im Geschäftslokal bzw. Geschäftsraum erfolgen. Eine Ersatzzustellung des an den Arbeitgeber gerichteten Pfändungsbeschlusses durch Übergabe an den Vollstreckungsschuldner ist allerdings unzulässig.[3]

Geschäftslokale sind die Räume, die der Abwicklung von geschäftlichen Zwecken dienen. Der Raum eines Betriebspförtners, der den Werksverkehr überwachen muss, zählt nicht dazu. Soll die Zustellung an den gesetzlichen Vertreter einer Gesellschaft erfolgen, braucht dieser nicht aufgeführt werden. Es genügt in diesem Fall die Bezeichnung der Gesellschaft in der Zustellungsurkunde. Bei Großunternehmen mit dezentralisierten Lohnstellen und Kassen kann der Pfändungsbeschluss sowohl der Hauptverwaltung als auch der einzelnen Lohnstelle oder Kasse zugestellt werden, da auch diese wie auch einzelne Filialen als Geschäftslokal gelten.

Lösung: Hier ist die Zustellung in einem Geschäftslokal in Norddeutschland erfolgt. Die Pfändung ist damit mit der Zustellung wirksam geworden. Trotzdem wurde hier zum 16. des Monats das gepfändete Arbeitseinkommen noch voll an den Arbeitnehmer ausbezahlt, sodass sich die Frage stellt, ob der Arbeitgeber nochmals an den Gläubiger zahlen muss. Der Drittschuldner wird hier in entsprechender Anwendung des § 407 BGB geschützt, wenn er in Unkenntnis der wirksamen Pfändung noch Zahlungen vornimmt. Abzustellen ist hier auf den Zeitpunkt der Kenntnis des zuständigen Sachbearbeiters, wobei vom Arbeitgeber aber zu verlangen ist, dass die Weiterleitung des Pfändungsbeschlusses im Wege der üblichen Abwicklung des Postverkehrs für besonders dringliche Vorgänge erfolgt. Hier hat A noch in gutem Glauben den bereits gepfändeten

3 Boewer, Rn. 122, a. A. Stöber/Rellermeyer, B. 124.

Lohn an seinen Mitarbeiter ausbezahlt. Die Pfändung muss daher erst im September 2024 berücksichtigt werden.
Fallabwandlung: Der zuständige Sachbearbeiter erhält von der Pfändung bereits am 14.08. Kenntnis. Die Lohnabrechnung war zu diesem Zeitpunkt jedoch bereits abgeschlossen. Der Sachbearbeiter merkt die Pfändung für September vor. Die Gutschrift auf dem Schuldnerkonto hätte durch Widerruf des Überweisungsauftrages bei der Bank verhindert werden können.

Bei der bargeldlosen Lohnzahlung wird die Lohnforderung bis zur Gutschrift auf dem Schuldnerkonto erfasst. Aus diesem Grund wird teilweise angenommen, dass der Arbeitgeber verpflichtet ist, eine bereits erfolgte Überweisung zu widerrufen. Er habe hinsichtlich des Zahlungsverbots durch die Pfändung die gleiche Sorgfalt anzuwenden wie in eigenen Angelegenheiten, was bedeutet, dass der Arbeitgeber auch nach seiner Leistungshandlung alles ihm Zumutbare vornehmen muss, dass die Pfändung noch berücksichtigt werden kann.[4] Meines Erachtens kann dieser Meinung nicht gefolgt werden. Die einzelnen Pflichten des Drittschuldners wie seine Verpflichtung zur Abgabe der Drittschuldnererklärung und der korrekten Berechnung des pfändbaren Teils des Lohnes sind im Gesetz festgelegt. Eine weitergehende Verpflichtung, aktiv zugunsten einer der Vollstreckungsparteien tätig zu werden, sollte nicht anerkannt werden. Für diese Lösung spricht auch der Rechtsgedanke des § 407 BGB. In entsprechender Anwendung von § 407 BGB wird der Drittschuldner durch eine Zahlung an den Schuldner von seiner Verpflichtung gegenüber dem Pfändungsgläubiger frei, wenn er das dem Schuldner auferlegte Verfügungsverbot und das ihm obliegende Zahlungsverbot bei Vornahme der Leistung nicht kennt. Der für die Kenntnis des Schuldners bzw. Drittschuldners maßgebliche Zeitpunkt ist dabei nicht der Eintritt des Leistungserfolges beim Gläubiger, sondern die Vornahme der Leistungshandlung durch den (Dritt-)Schuldner. In dieser Richtung ist auch die Entscheidung des Bundesgerichtshofs zu verstehen, wonach das Verbot, an den Arbeitnehmer zu zahlen, (nur) zu einem Unterlassen der Zahlung verpflichtet. Hieraus kann keine Pflicht hergeleitet werden, eine bereits in die Wege geleitete Zahlung wieder rückgängig machen zu müssen.[5]

Lösung: Soweit sich der Arbeitgeber im Rahmen der bei ihm und im übrigen Geschäftsleben üblichen Abwicklung der Lohnzahlungen bewegt, sollte daher das Risiko der Gläubiger zu tragen haben, entsprechend den Grundsätzen der bereits angesprochenen Pfändung in einem anderen Geschäftslokal. Der Sachbearbeiter hat nach der hier vertretenen Auffas-

4 Stöber/Rellermeyer, B. 166.
5 BGH, Urt. v. 27.10.1988 – IX ZR 27/88, Boewer, Rn. 180.

sung keine Verpflichtung, den bereits erteilten Überweisungsauftrag zu widerrufen.

3.3 Die Zustellung an Schuldner und Gläubiger

Fall: Aufgrund erfolgter Pfändung bittet der Arbeitgeber seinen Mitarbeiter zu sich, um die Angelegenheit zu erörtern. Dieser ist entrüstet, da er von der Pfändung bisher keine Kenntnis hatte. Dem Arbeitgeber kommen Zweifel an der Wirksamkeit der Pfändung.

Lösung: Auf entsprechende Reaktionen bei einer Befragung durch den Arbeitgeber wurde bereits eingegangen. Bei der Zustellung der Pfändung wird es in aller Regel tatsächlich so sein, dass der Mitarbeiter durch diese überrascht wird. Die Zustellung des Pfändungs- und Überweisungsbeschlusses an den Drittschuldner bewirkt die Pfändung, § 829 Abs. 3 ZPO. Vor der Pfändung ist der Schuldner nicht zu hören, § 834 ZPO. Es soll verhindert werden, dass dieser nicht noch bis zur Pfändung anderweitig zum Nachteil des Gläubigers über sein Arbeitseinkommen verfügt, z.B. den pfändbaren Teil seines Arbeitseinkommens an einen Dritten abtritt. Aus diesem Grund stellt der Gerichtsvollzieher erst nach der Zustellung der Pfändung an den Arbeitgeber dem Schuldner eine beglaubigte Abschrift des Pfändungsbeschlusses nebst Zustellungsurkunde über die Zustellung an den Drittschuldner zu. Auch der Gläubiger wird hier nochmals beteiligt. Soweit seinem Antrag auf Erlass eines Pfändungs- und Überweisungsbeschlusses stattgegeben wurde, hat er bis dahin nur eine Nachricht des Gerichts erhalten. Nach Zustellung des Beschlusses durch den Gerichtsvollzieher an den Drittschuldner und Schuldner übersendet der Gerichtsvollzieher die Zustellungsprotokolle in der Regel per Nachnahme an den Gläubiger. Die Zweifel des Arbeitgebers sind unberechtigt. Die Pfändung wird bereits durch die Zustellung an ihn wirksam.

3.4 Der Überweisungsbeschluss

Fall: Der Arbeitgeber kann nach der Berechnung des pfändbaren Arbeitseinkommens keinen pfändbaren Teil zugunsten des Gläubigers feststellen. Trotzdem lautet der Beschluss auf Pfändung und „Überweisung“. Wie soll er sich jetzt verhalten?

Streng genommen handelt es sich bei dem Pfändungs- und Überweisungsbeschluss um zwei Beschlüsse. Mit Erlass und Zustellung des Pfändungsbeschlusses ist das gepfändete Arbeitseinkommen zwar für den Gläubiger beschlagnahmt, er kann diese Forderung aber noch nicht einziehen. Dieses Einziehungsrecht gibt ihm erst der Überweisungsbeschluss, der allerdings regelmäßig mit dem Pfändungsbeschluss erlassen wird. Erst der Überweisungsbeschluss gibt dem Gläubiger das Recht, in Bezug auf die gepfändete Forderung alle Erklärungen des Schuldners, die den Einzug der Forderung betreffen, in eigenem Namen geltend zu machen. Ihm wird das Recht, den gepfändeten Geldbetrag zu fordern, zum Einzug, d. h. zur Geltendmachung übertragen. Der Gläubiger kann und muss aufgrund des Überweisungsbeschlusses das gepfändete und ihm zur Einziehung überwiesene Arbeitseinkommen möglichst bald einziehen, da er dem Schuldner für den Schaden haftet, der durch eine verzögerte Einziehung entsteht, § 842 ZPO. Ergibt sich die Verzögerung durch das Verhalten des Arbeitgebers, ist dieser notfalls durch den Gläubiger auf rechtzeitige Zahlung zu verklagen. Ohne den Überweisungsbeschluss hätte der Gläubiger hierzu überhaupt keine Befugnis.

Lösung: Der Überweisungsbeschluss ist hier also nicht im Sinne einer tatsächlichen Überweisung von Geldbeträgen zu verstehen, sondern vielmehr in der Verschaffung einer Rechtsposition für den Gläubiger, die ihm das Recht gibt, die Forderung ggf. auch durchzusetzen. Der Überweisungsbeschluss ist daher auch in Fällen wirksam und gültig, in denen der Arbeitgeber keine pfändbaren Beträge an den Gläubiger überweisen kann.

4. Die Pfändung aufgrund öffentlich-rechtlicher Forderungen

Fall: Dem Arbeitgeber wird durch einen Postbediensteten eine Pfändung in verschlossenem Umschlag mit Postzustellungsurkunde zugestellt. Erst nach dem Öffnen des Umschlags kann er feststellen, welchen Mitarbeiter die Pfändung betrifft. Das Schreiben selbst ist nicht von einem Gericht, sondern von einem Regierungspräsidium und mit Pfändungs- und Einziehungsverfügung überschrieben. Wie unterscheidet sich diese Pfändung von Pfändungen durch das Amtsgericht?

Das Finanzamt, die sonstigen Bundes- und Landesbehörden sowie die Gemeinden und Kreise können aufgrund der einschlägigen Vorschriften der Abgabenordnung bzw. der Verwaltungsvollstreckungsgesetze des Bundes und der Länder ohne Einschaltung der Vollstreckungsgerichte per Verwaltungsakt eine Pfändung wegen öffentlich-rechtlicher Forderungen wie Steuern, Beiträgen, sonstigen Abgaben und Bußgeldern verfügen. Sie benötigen hierfür keiner Mithilfe durch ein Vollstreckungsgericht. An die Stelle des ansonsten notwendigen Vollstreckungstitels tritt hier die aufgrund des zugrunde liegenden Verwaltungsaktes ergangene Vollstreckungsanordnung. Außerdem sind hier die strengen Formvorschriften der Zwangsvollstreckungsformular-Verordnung nicht einzuhalten. Durch diese Verordnung sollte nicht geregelt werden, dass Pfändungen immer nur nach den vorgegebenen Regularien erfolgen sollen, vielmehr soll hierdurch die Arbeit der Gerichte und der Rechtspfleger erleichtert werden. Bei der Pfändung durch Behörden erfolgt dagegen keine Einschaltung des Vollstreckungsgerichts. Diese Pfändungen unterliegen damit keinen vorgegebenen Formerfordernissen. Bei der Pfändung handelt es sich um einen Verwaltungsakt,[6] wogegen sich der Arbeitnehmer mit dem Einspruch bzw. Widerspruch oder je nach Landesrecht mit der Klage wehren kann. Näheres regelt die Rechtsbehelfsbelehrung, die der Arbeitnehmer mit der Mitteilung über die erfolgte Pfändung erhält.

Lösung: Der Arbeitgeber muss diese Pfändung hinsichtlich des Umfangs und der Wirkung wie jede andere Pfändung berücksichtigen, d. h., es gelten hier die gleichen Rangfolgen wie bei sonstigen Pfändungen und die gleichen Grundsätze bei der Berechnung des pfändbaren Teils des Arbeitseinkommens. Eine Ausnahme kann bestehen, wenn in der Pfändungsverfügung besondere Anordnungen enthalten sind. Ein Unterschied ist allerdings zu beachten: Die noch zu behandelnde Drittschuldnererklärung (vgl. Abschn. 5) kann bei der Zustellung von Pfändungen der Vollstreckungsgerichte durch den Gerichtsvollzieher bereits bei der Zustellung diesem gegenüber abgegeben werden. Das ist bei der Zustellung verschlossener

6 Klein/Werth, § 309, Anm. 2.

Pfändungs- und Einziehungsverfügungen nicht möglich. Hier muss in jedem Fall die Drittschuldnererklärung durch gesondertes Schreiben gegenüber dem Gläubiger erfolgen.

5. Die Drittschuldnererklärung

5.1 Inhalt und Umfang der Erklärung

Fall: Gegenüber einem Mitarbeiter liegen bereits zahlreiche Lohnpfändungen vor, als eine weitere Pfändung eingeht. Der Arbeitgeber überlegt sich, ob er nun ganz genau die diesem Gläubiger vorgehenden Forderungen benennen und auch die angefallenen Zinsen ausrechnen muss, nachdem sich abzeichnet, dass die jetzige Pfändung wohl nie zum Zuge kommen wird. Außerdem ist in dem Pfändungs- und Überweisungsbeschluss (im amtlichen Formular nach den sonstigen Anordnungen, Modul M im Formular) angeordnet, dass der Schuldner eine Lohnabrechnung der letzten drei Monate dem Gläubiger herauszugeben hat.

Wortlaut des § 840 ZPO:

(1) Auf Verlangen des Gläubigers hat der Drittschuldner binnen zwei Wochen, von der Zustellung des Pfändungsbeschlusses an gerechnet, dem Gläubiger zu erklären

1. ob und inwieweit er die Forderung als begründet anerkenne und Zahlung zu leisten bereit sei;
2. ob und welche Ansprüche andere Personen an die Forderung machen;
3. ob und wegen welcher Ansprüche die Forderung bereits für andere Gläubiger gepfändet sei;
4. (...) Anm.: Betrifft Drittschuldnererklärungen von Kreditinstituten bei Kontenpfändungen.
5. (...) Anm.: Betrifft Drittschuldnererklärungen von Kreditinstituten bei Kontenpfändungen.

(2) Die Aufforderung zur Abgabe dieser Erklärungen muss in die Zustellungsurkunde aufgenommen werden; bei Zustellungen nach § 193a muss die Aufforderung als elektronisches Dokument zusammen mit dem Pfändungsbeschluss übermittelt werden. Der Drittschuldner haftet dem Gläubiger für den aus der Nichterfüllung seiner Verpflichtung entstehenden Schaden.

(3) Die Erklärungen des Drittschuldners können innerhalb der in Absatz 1 bestimmten Frist auch gegenüber dem Gerichtsvollzieher abgegeben werden. Werden die Erklärungen bei einer Zustellung des Pfändungsbeschlusses nach § 193 abgegeben, so sind sie in die Zustellungsurkunde aufzunehmen und von dem Drittschuldner zu unterschreiben.

Häufig ist sich der Gläubiger nicht sicher, ob und wann seine Pfändung überhaupt Erfolg haben wird. Die Unsicherheit kann sich darauf beziehen, ob der Schuldner tatsächlich beim Drittschuldner beschäftigt ist und sich überhaupt pfändbare Beträge ergeben, ob das Arbeitseinkommen bereits für andere Gläubiger gepfändet oder an diese abgetreten ist bzw. der Arbeitgeber mit eigenen Ansprüchen aufrechnen kann. Diese Unsicherheit soll § 840 ZPO beseitigen. Nach § 840 ZPO kann der Gläubiger vom Drittschuldner binnen zwei Wochen nach Zustellung des Pfändungsbeschlusses eine Erklärung verlangen, ob und inwieweit er die Forderung als begründet anerkenne und Zahlung zu leisten bereit sei, ob und welche Ansprüche andere Personen an die Forderung machen, ob und wegen welcher Ansprüche die Forderung bereits für andere Gläubiger gepfändet ist.

In der Praxis ist es üblich, dieses Auskunftsverlangen bereits mit dem Antrag auf Erlass des Pfändungs- und Überweisungsbeschlusses zu verbinden. Die Aufforderung zur Abgabe der Drittschuldnererklärung wird dann in der Zustellungsurkunde aufgenommen. Der Arbeitgeber muss diese Erklärung nicht persönlich abgeben. Er kann damit auch einen Bevollmächtigten, z. B. Rechtsanwalt oder Steuerberater, beauftragen.

Die Erklärung muss nach § 840 ZPO binnen zwei Wochen abgegeben werden. Umstritten ist, ob zur Fristwahrung der Zugang der Erklärung beim Gläubiger zu fordern ist oder ob nicht dem Drittschuldner eine volle Überlegungsfrist von zwei Wochen zur Verfügung stehen soll, sodass das Absenden der Erklärung für die Fristwahrung ausreichend ist.[7] Wegen der Gefahren für den Drittschuldner, die sich aus einer verspäteten Abgabe der Erklärung ergeben können (vgl. Abschn. 5.2), sollte der Arbeitgeber unbedingt dafür Sorge tragen, dass die Erklärung jedenfalls nach dem üblichen Postlauf innerhalb der Frist dem Gläubiger bzw. seinem Vertreter zugeht. Da es sich bei der Drittschuldnererklärung um eine reine Wissenserklärung handelt, müsste auch die Übermittlung per Fax oder E-Mail zulässig sein. Die Erklärung kann auch sofort bei der Zustellung des Pfändungsbeschlusses dem Gerichtsvollzieher gegenüber abgegeben werden. Der Gerichtsvollzieher nimmt in diesem Fall die Erklärung in die Zustellungsurkunde auf. Der Drittschuldner hat die Erklärung nach Durchsicht oder nach dem Vorlesen zu unterschreiben.

Der Drittschuldner muss sich zunächst darüber erklären, ob und inwieweit er die Forderung als begründet anerkenne und Zahlung zu leisten bereit sei. Oftmals entstehen hier schon die ersten Schwierigkeiten für den Drittschuldner. Er wird dazu aufgefordert, eine Forderung anzuerkennen,

7 Kalmeier/Potthoff, S. 59, a. A. maßgeblich Zugang Kindl/Meller-Hannich, § 840, Rn. 19 m. w. N.,Gottwald/Mock, § 840, Rn. 7.

obwohl der Pfändungsbeschluss außer bei der Pfändung wegen Unterhaltsrückständen meist keinerlei Angaben darüber enthält, welchen Rechtsgrund die Forderung hat, für die die Pfändung erfolgt. Diese Forderung hat den Drittschuldner allerdings auch nicht zu interessieren. Der Drittschuldner soll sich vielmehr dazu erklären, ob er eine Forderung des Schuldners gegen ihn (die gepfändete Forderung) als begründet anerkenne. Bei der Pfändung von Arbeitseinkommen muss er sich also zu der Frage erklären, ob der Schuldner bei ihm beschäftigt ist und Lohnansprüche bestehen. Er muss sich nicht zu der Forderung äußern, wegen der die Pfändung erfolgt. Hierzu kann er auch keine Angaben machen, und eine entsprechende Aussage ergibt auch keinen Sinn.

Eine weitere Unsicherheit ergibt sich für den Drittschuldner aus dem Umstand, dass ein bestimmter Inhalt für die Erklärung nicht vorgeschrieben ist. Fraglich ist, ob es beispielsweise ausreichend ist, dass der Drittschuldner erklärt, er erkenne die Forderung nicht an. Diese Erklärung kann allerdings die verschiedensten Ursachen haben. So kann es sein, dass eine Forderung des Schuldners überhaupt nicht besteht, nicht mehr oder noch nicht besteht. Bei der Frage, welchen Umfang die Erklärung des Drittschuldners haben muss, ist daher die Interessenlage des Gläubigers zu berücksichtigen. Er soll sich letztendlich Klarheit darüber verschaffen können, ob und wann die Pfändung erfolgreich sein wird, ob er andere Vollstreckungsmöglichkeiten in Erwägung ziehen soll oder ggf. auf die Realisierung der Forderung überhaupt verzichten soll.

Vor diesem Hintergrund sollte der Drittschuldner daher Angaben darüber machen, ob der Schuldner bei ihm beschäftigt ist, wie hoch der auszuzahlende Lohn ist bzw. welche Beträge der Pfändung unterliegen und wann mit einer Zahlung zu rechnen ist. Es können durchaus auch Angaben hinsichtlich einer bereits ausgesprochenen Kündigung dazu zählen als auch die Mitteilung von Kriterien, weshalb sich im Einzelfall ein niedrigerer oder höherer Pfändungsbetrag ergibt. Der Bundesgerichtshof geht allerdings von einer engen Auslegung des § 840 ZPO aus. Der Drittschuldner solle mit weitgehenden Auskunftspflichten nicht belastet werden.[8] Angaben zu abzugsfähigen Kosten wie Lohnsteuer oder Sozialversicherungsbeiträge haben in jedem Fall zu unterbleiben.

Die Erklärung selbst stellt für den Drittschuldner kein Schuldanerkenntnis dar, sondern eine reine Wissenserklärung. Bei einer etwa erst später bekannt werdenden Aufrechnungsmöglichkeit besteht daher nicht die Gefahr, dass der Gläubiger allein aufgrund der fehlerhaften Erklärung gegen den Drittschuldner vorgehen kann.

8 BGH, Urt. v. 13.12.2012 – IX ZR 97/12.

Weiterhin muss sich der Drittschuldner darüber erklären, welche Ansprüche andere Personen an die Forderung machen. Der Drittschuldner muss sämtliche rechtsgeschäftlichen Abtretungen, Verpfändungen, Forderungsübergang kraft Gesetzes, Überleitungen, gesetzliche Ersatzansprüche oder gesetzliche Pfandrechte dem Gläubiger mitteilen.

Der Drittschuldner genügt seiner Auskunftspflicht nicht allein dadurch, dass er die Frage nach dem Vorliegen anderer Ansprüche nur bejaht. Bereits vom Wortlaut her muss er die Frage beantworten, ob und welche Ansprüche andere Personen an die Forderung stellen. Er ist daher verpflichtet, die anderen Personen namentlich und mit ihren Anschriften zu benennen, ihre Ansprüche zu beziffern und die Art der Ansprüche zu bezeichnen. Eine Erklärung hat auch darüber zu erfolgen, ob und wegen welcher Ansprüche die Forderung bereits für andere Personen gepfändet ist. Die Erklärung zu bereits vorliegenden Pfändungen fällt streng genommen bereits unter die zweite Frage, sodass für den Umfang der Auskunftspflicht die bereits angesprochenen Kriterien gelten. Die Frage nach Pfändungen für andere Personen schließt damit die Auskunftsverpflichtung zur namentlichen Bezeichnung dieser Personen mit deren Anschrift und der Pfändungsmaßnahme ein. Anzugeben sind daher auch das Gericht oder bei der Verwaltungsvollstreckung die Behörde sowie Datum und Aktenzeichen des Pfändungsbeschlusses bzw. der Pfändungsverfügung, außerdem der Tag der Zustellung, mit dem die Pfändung wirksam geworden ist. Erst diese sehr umfangreichen Erklärungen verschaffen dem Gläubiger in vielen Fällen die erforderliche Klarheit über sein weiteres Vorgehen[9].

Andererseits muss berücksichtigt werden, dass eine so ausführliche Erklärung für den Drittschuldner sehr aufwendig sein kann. Oftmals bestehen bereits zahlreiche Pfändungen, die sich auch noch aufgrund der Pfändung für weitere Zinsen laufend in ihrem Bestand ändern und es sich abzeichnet, dass eine Tilgung nicht einmal des bestrangigen Gläubigers zu erwarten ist. In der Praxis hat es sich daher gezeigt, dass es für einen Gläubiger ausreichend ist, in diesen Fällen nur die ungefähre Größenordnung der Vorbelastungen anzugeben. Weitere Angaben bringen ihn meist dem Ziel der Realisierung seiner Forderung in keiner Weise näher. Ein vernünftiger Gläubiger wird sich mit einer solchen Erklärung zufrieden geben.

Lösung: Hier im Fall sollte es ausreichend sein, eine Erklärung abzugeben, dass aufgrund bereits bestehender Pfändungen für diese Pfändung aller Voraussicht nach nicht mit Zahlungen zu rechnen ist. Diese sollte dann aber auch möglichst bald nach der Pfändung erfolgen, sodass noch eine den gesetzlichen Erfordernissen entsprechende Erklärung fristgerecht

9 Hintzen, Rn. 239.

abgegeben werden kann, falls dies der Gläubiger ausnahmsweise wünschen sollte. Darüber hinaus ist der Drittschuldner nicht verpflichtet, dem Gläubiger Belege oder Unterlagen vorzulegen. § 840 ZPO verpflichtet den Drittschuldner nur zur Abgabe der Erklärungen, nicht aber zum Nachweis ihrer Richtigkeit. Der Pfändungsbeschluss ordnet hier zwar die Herausgabe einer Lohnabrechnung an. Diese Verpflichtung richtet sich allerdings an den Schuldner. Neben dem Drittschuldner ist auch der Schuldner verpflichtet, dem Gläubiger die zur Geltendmachung der gepfändeten Forderung nötige Auskunft (Beweismittel, Zahlungsort und -zeit, Fälligkeit) zu erteilen und ihm die vorhandenen Urkunden (z. B. eine Abrechnung über die gepfändete Lohnforderung) herauszugeben, § 836 Abs. 3 ZPO. Der Gläubiger kann sich derartige Urkunden aufgrund einer Ausfertigung des ursprünglichen Schuldtitels und einer einfachen Ausfertigung des Pfändungs- und Überweisungsbeschlusses, in dem die fraglichen Urkunden genau bezeichnet sind, im Wege der Zwangsvollstreckung beim Schuldner beschaffen. Enthält dagegen das amtliche Formular etwa eine gesonderte Anordnung gegenüber dem Arbeitgeber (regelmäßig unter dem Modul), hat dieser die entsprechenden Unterlagen herauszugeben.[10] Der Schuldner hat in diesem Fall keinen Anspruch darauf, dass einzelne Felder geschwärzt werden, wie etwa die Angabe der Bankverbindung oder der Abführung von Vermögenswirksamen Leistungen.[11] Der Gläubiger kann diese Informationen dann für weitere Vollstreckungsmaßnahmen nutzen.

Sollte der Arbeitgeber generell eine Drittschuldneerklärung in dem hier erörterten Umfang nicht vornehmen wollen, kann er vom Gläubiger hierzu auch nicht gezwungen werden. Es genügt, wenn er die Mindestanforderungen des § 840 ZPO beachtet. In diesem Fall kann er den Gläubiger bei diesbezüglichen Beanstandungen immer auch auf § 836 ZPO verweisen, wonach der Schuldner verpflichtet ist, die zur Durchsetzung der Forderung erforderlichen Auskünfte abzugeben.

10 Gottwald/Mock, § 829, Rn. 115, a. A. Hintzen, Lohnpfändung 2024, Rn. 71.

11 BGH, Beschl. v. 19.12.2012 – VII ZB 50/11.

Anschrift des Drittschuldners

Zutreffendes bitte ankreuzen ☒ oder ausfüllen!

An (Stadt / Markt / Gemeinde / Landratsamt / Verwaltungsgemeinschaft / Zweckverband)

Drittschuldnererklärung

zur Pfändungs- und Einziehungsverfügung

der / des:

vom: ____________

Buchungszeichen: ____________

1. Die gepfändete Forderung wird

☐ in voller Höhe als begründet anerkannt ☐ nur bis zur Höhe von ____________ EUR anerkannt

und Zahlungsbereitschaft erklärt.

a) Der Vollstreckungsschuldner leistet für ______ Person(en) den gesetzlichen Unterhalt.
Sein Nettoeinkommen beträgt ☐ täglich ☐ wöchentlich ☐ monatlich ____________ EUR
Zur Berechnung des pfändbaren Einkommens wird auf die §§ 850 ff. ZPO verwiesen.

b) Der/Die einbehaltene(n) Betrag/Beträge wird/werden
☐ am ____________ ☐ wöchentlich ☐ monatlich jeweils am ____________
an die Kasse der in der Pfändungs- und Überweisungsverfügung bezeichneten Körperschaft überwiesen.

☐ Die gepfändete Forderung wird **nicht** anerkannt mit folgender Begründung:

2. Auf die Forderung erheben andere Personen ☐ keine Ansprüche ☐ Ansprüche (weitere Angaben unter Ziff. 4)

3. Für andere Gläubiger ist die Forderung ☐ nicht gepfändet ☐ bereits gepfändet (weitere Angaben unter Ziff. 4)

4. Weitere Angaben ☐ zu Ziff. 2: ____________ ☐ zu Ziff. 3: ____________

a) Rechtsgrund des Anspruchs: ____________
____________ Datum: ____________

b) Gläubiger: ____________
Anschrift: ____________

c) Restbetrag: ____________ EUR

5. Bei einer Pfändung an ein Kreditinstitut ist weiter zu erklären:

ob innerhalb der letzten zwölf Monate im Hinblick auf das Konto, dessen Guthaben gepfändet worden ist, nach § 907 ZPO die Unpfändbarkeit des Guthabens festgesetzt worden ist, und

ob es sich bei dem Konto, dessen Guthaben gepfändet worden ist, um ein Pfändungsschutzkonto im Sinne von § 850k ZPO oder ein Gemeinschaftskonto im Sinne von § 850l ZPO handelt; bei einem Gemeinschaftskonto ist zugleich anzugeben, ob der Schuldner nur gemeinsam mit einer anderen Person oder mehreren anderen Personen verfügungsbefugt ist.

6. ☐ Weitere Gläubiger: gemäß Anlage

____________ ____________ ____________

Ort Datum Firmenstempel, Unterschrift

5.2 Folgen der Nichterfüllung der Auskunftspflicht

Fall: Dem Arbeitgeber A wird eine Pfändung zugestellt. Da er sich nicht ganz sicher ist, ob er überhaupt etwas erklären muss, nachdem der im Beschluss bezeichnete Schuldner bei ihm bereits vor fünf Monaten ausgeschieden ist, lässt er die Sache zunächst einmal liegen und vergisst darüber auch, die Drittschuldnererklärung abzugeben. Nach drei Wochen wird ihm ein Mahnbescheid des Arbeitsgerichts zugestellt, wonach der Gläubiger gepfändetes und nicht an ihn (den Gläubiger) abgeführtes Arbeitsentgelt beansprucht. Was ist A zu raten? Welche Kosten sind für ihn entstanden?

Durch den Überweisungsbeschluss wird dem Gläubiger die Forderung zum Einzug überwiesen. Das bedeutet, dass er alle Rechtshandlungen zur Durchsetzung der gepfändeten Forderung vornehmen kann, die bisher seinem Schuldner zustanden. Da Arbeitslohn gepfändet wurde, erhielt hier der Gläubiger die gleichen Rechte, die ein Arbeitnehmer hat, gegen einen säumigen Arbeitgeber vorzugehen, nämlich beim Arbeitsgericht Zahlungsklage zu erheben bzw. Mahnbescheid zu beantragen. Einen einklagbaren Anspruch auf die Drittschuldnererklärung hatte der Gläubiger dagegen nicht. An die Nichterfüllung der Auskunftspflicht ist nach § 840 ZPO ausdrücklich eine Schadensersatzpflicht des Drittschuldners geknüpft. Eine einklagbare Handlungspflicht auf Abgabe der Erklärung besteht dagegen nicht.

Lösung: Da keine pfändbaren Lohnansprüche bestehen, sollte A hier sofort Widerspruch beim Arbeitsgericht einlegen und seine Drittschuldnererklärung abgeben. Der Gläubiger kann, sofern nun die Drittschuldnerauskunft nicht angreifbar ist, den angeblich gepfändeten Anspruch nicht mehr gegenüber A geltend machen.

Allerdings haftet der Drittschuldner nach § 840 ZPO dem Gläubiger für den Schaden aus der Nichterfüllung seiner Auskunftsverpflichtung. Diese Schadensersatzpflicht besteht dabei nicht nur, wenn sich der Drittschuldner weigert, die Erklärung abzugeben, sondern auch bei nicht rechtzeitiger Erklärung innerhalb von zwei Wochen oder bei mangelhafter Erklärung über die geforderten Angaben. Kommt der Drittschuldner erst im Laufe des Prozesses seiner Auskunftspflicht nach, treffen ihn in jedem Fall die Prozesskosten und die Kosten für die Zuziehung eines Prozessbevollmächtigten. Der Gläubiger kann also bei Nichtabgabe der Erklärung von der Beitreibbarkeit der gepfändeten Forderung ausgehen und diese ohne Kostenrisiko gerichtlich geltend machen. Schon allein aus diesem Grunde sollte der Drittschuldner in jedem Fall die Zweiwochenfrist einhalten.

Lösung: Hier muss A dem Gläubiger, wenn dieser seinen Klageantrag entsprechend abändert, die Prozesskosten einschließlich der Kosten anwaltlicher Beauftragung ersetzen.

5.3 Nochmalige Erklärung bei Änderung der Verhältnisse

Fall: Beim Arbeitgeber liegen zwei Lohnpfändungen vor, wobei zu erwarten ist, dass die zweite Pfändung erst in drei Jahren bedient werden kann. Diesen Gläubiger hat der Arbeitgeber mit der Drittschuldnererklärung entsprechend unterrichtet. Nun scheidet der Arbeitnehmer unerwartet aus. Der Arbeitgeber überlegt sich, ob er die Gläubiger hiervon unterrichten muss.

Die Drittschuldnererklärung muss nur einmal, und zwar innerhalb der Frist von zwei Wochen, abgegeben werden. Der Arbeitgeber ist daher nicht verpflichtet, den Gläubiger von später eintretenden Änderungen wie Erkrankung des Arbeitnehmers, Auslaufen der Lohnfortzahlung und Beendigung des Arbeitsverhältnisses zu unterrichten.

Lösung: Hier bestand also keine Verpflichtung des Arbeitgebers, den Gläubigern Mitteilung zu geben. Der erste Gläubiger wird allerdings von sich aus beim Arbeitgeber nachfragen, wenn er keine gepfändeten Beträge mehr erhält. Rein aus praktischen Erwägungen empfiehlt es sich, neben diesem auch die weiteren Gläubiger zu unterrichten, da sonst mit künftigen Nachfragen dann zu rechnen ist, wenn diese Gläubiger mit ihrer Berücksichtigung rechnen. Vor diesem Hintergrund ist dem Gläubiger, dessen Pfändung derzeit nicht zum Zuge kommt, auch das Recht zuzubilligen, nach einer gewissen Zeit eine erneute Drittschuldnererklärung zu verlangen. Eine Verpflichtung des Drittschuldners, von sich aus tätig zu werden, besteht dagegen nicht.

5.4 Erklärungen ohne Vorliegen einer Pfändung

Fall: Das Inkassobüro X schreibt an den Arbeitgeber und teilt mit, es läge eine vollstreckbare Forderung gegen den Mitarbeiter M vor. Der Arbeitgeber möge doch bitte mitteilen, ob die Beantragung eines Pfändungs- und Überweisungsbeschlusses überhaupt Erfolg versprechend ist. Eine solche Auskunft sei im Übrigen im Interesse des Mitarbeiters, da hierdurch u. U. unnötige Gerichtskosten vermieden werden könnten und der Arbeitgeber nach erfolgter Pfändung sowieso zur Auskunft verpflichtet sei.

Immer wieder wird von Gläubigern versucht, sich bereits vor einer Pfändung Klarheit über die Erfolgsaussichten zu verschaffen. Zu beachten ist hierbei, dass eine formlose Aufforderung des Gläubigers an den Drittschuldner keine Auskunftspflicht und damit auch keine Schadensersatzpflicht nach § 840 ZPO begründet. Die Auskunftspflicht nach § 840 ZPO entsteht erst nach Zustellung der Pfändung, also nachdem der Rechtspfleger geprüft hat, ob die allgemeinen und besonderen Voraussetzungen der Zwangsvollstreckung vorliegen und keine Vollstreckungshindernisse bestehen. Insbesondere prüft er, ob überhaupt ein vollstreckbarer Titel vorliegt. Diese Prüfung ist im Fall einer freiwilligen Auskunftserteilung noch nicht erfolgt. Es kann daher nicht von vornherein ausgeschlossen werden, dass die durch die Auskunft gewonnenen Informationen über den Mitarbeiter zu anderen, für den Mitarbeiter gleichwohl nachteiligen Folgen verwendet werden.

Lösung: Aufgrund seiner Fürsorgepflicht sollte der Arbeitgeber daher weder mündlich noch schriftlich Auskunft darüber geben, ob die betreffende Person überhaupt dort beschäftigt ist und wie sich die wirtschaftliche Situation darstellt. Etwas anderes gilt selbstverständlich, wenn sich der Mitarbeiter mit einer Auskunftserteilung einverstanden zeigt.

5.5 Kostenersatz für die Bearbeitung der Pfändung

Fall: In letzter Zeit häufen sich beim Arbeitgeber A die Lohnpfändungen. Vor allem durch die Bearbeitung der Pfändungen, Abgabe der Erklärungen nach § 840 ZPO und Auszahlung der gepfändeten Forderungen entstehen bei ihm ein nicht unbeträchtlicher Verwaltungsaufwand und zusätzliche Kosten. A überlegt sich, ob er die Kosten von den Gläubigern oder von den betroffenen Mitarbeitern ersetzt verlangen kann.

Es zeigt sich immer wieder, dass Drittschuldner vom Gläubiger Ersatz für die bei der Abgabe der Drittschuldnererklärung entstandenen Kosten verlangen. Früher war die Zulässigkeit in Rechtsprechung und Literatur nicht eindeutig geklärt. Zum Teil wird in Analogie zu § 261 Abs. 3, § 268 Abs. 2, § 811 Abs. 2 BGB ein Anspruch auf Kostenerstattung bejaht. Hiergegen wendet sich eine gewichtige Meinung, die davon ausgeht, dass für eine Kostentragungspflicht eine eindeutige Kostenlage erforderlich ist. Mit dieser Meinung ist ein Anspruch auf Ersatz der Kosten der Auskunftserteilung generell deshalb abzulehnen, weil hierfür keine Rechtsgrundlage besteht und spezielle Kostenbestimmungen nicht analog heranzuziehen sind.[12] Ein Kostenerstattungsanspruch bedarf im einzelnen Fall hiernach eines besonderen Rechtsgrunds. § 840 ZPO bzw. § 316 AO können nicht entsprechend herangezogen werden, da hier eine Verpflichtung zur Zahlung der entstehenden Kosten gerade nicht normiert ist. Auch § 788 ZPO bzw. §§ 337 Abs. 1, 344 Abs. 1 Nr. 8 AO scheiden als Rechtsgrundlage aus, weil diese Normen nur im Verhältnis zwischen Gläubiger und Schuldner gelten, nicht aber gegenüber dem Drittschuldner. Die Kostentragungsregel des § 91 ZPO kann auf außerprozessuale Kosten nicht übertragen werden. Die Anwaltskosten stehen nicht im Zusammenhang mit der Vorbereitung eines Prozesses, da mit der Auskunftserteilung der Anspruch des § 840 ZPO erfüllt ist und damit insoweit

12 Zum Meinungstand Hintzen, Lohnpfändung 2024, Rn. 86 ff.

einem diesbezüglichen Rechtsstreit gerade die Rechtsgrundlage entzogen ist. Da es auch ansonsten keinen allgemeinen Rechtssatz gibt, dass ein Dritter, hier der Drittschuldner, dann keine eigenen Kosten tragen soll, wenn er in die Beziehungen zwischen dem Gläubiger und dem Schuldner nur deshalb verwickelt wird, weil er mit dem Schuldner rechtliche Beziehungen unterhält, ist ein Kostenerstattungsanspruch gegenüber dem Gläubiger abzulehnen.

Der Arbeitgeber kann allerdings gegen seinen Mitarbeiter einen Anspruch auf Erstattung der durch die Pfändung entstandenen Kosten für die Bearbeitung der Lohnpfändung haben, wenn dies vertraglich so mit dem Arbeitnehmer geregelt ist. Diese Regelung kann im einzelnen Arbeitsvertrag ausdrücklich vereinbart werden oder durch Betriebsvereinbarung festgelegt sein. Diese Meinung ist allerdings umstritten und wird vom Bundesarbeitsgericht abgelehnt.[13]

Zu beachten ist jedoch, dass auch bei einer solchen Regelung der Arbeitgeber bei einer erfolgten Pfändung zunächst keine Möglichkeit hat, diese Kosten gegenüber dem Mitarbeiter durchzusetzen. Die Pfändung erfasst das gesamte pfändbare Einkommen, sodass der Gläubiger einen Anspruch darauf hat, dass ihm sämtliche gepfändeten Beträge auch ausbezahlt werden. Andererseits kann der Arbeitgeber auch nicht mit den übrigen Lohnansprüchen seines Mitarbeiters aufrechnen, da eine Aufrechnung nur insoweit zulässig ist, als auch eine Pfändung möglich ist und eine Aufrechnung in die nicht der Pfändung unterworfenen Teile des Arbeitseinkommens unzulässig ist. Der Arbeitgeber muss hier also so lange abwarten, bis die Pfändung durch Tilgung erledigt ist. Die dann mögliche Aufrechnung geht dann aber einer weiteren Pfändung vor. Oftmals wird mit einer Kostenbelastung gegenüber dem Mitarbeiter die Idee verbunden, die Lohnpfändung für ihn spürbar werden zu lassen. Diese Möglichkeit geht aufgrund dieser gesetzlichen Vorgaben weitestgehend ins Leere.

Lösung: Der Arbeitgeber sollte daher gründlich abwägen, ob eine Regelung gegenüber dem Arbeitnehmer überhaupt sinnvoll ist oder ob er nicht einfach akzeptiert, dass seine Verpflichtung zur Bearbeitung von Lohnpfändungen sich allein aus seiner Position ergibt.

13 BAG, Urt. v. 18.07.2006–1 AZR 578/05.

6. Das pfändbare Arbeitseinkommen

6.1 Der Begriff des Arbeitseinkommens

Fall: Der Arbeitgeber hat in seiner Gastwirtschaft einen Kellner beschäftigt. Als eine Lohnpfändung eingeht, überlegt er, ob er die Bedienungsgelder zum Arbeitseinkommen hinzuzählen muss.

Der Begriff des Arbeitseinkommens ist im Gesetz nicht fest definiert. Allgemein ist darunter jede Vergütung in Geld aus einem gegenwärtigen oder früheren Dienst- oder Arbeitsverhältnis zu verstehen. Arbeitseinkommen ist damit jedes Einkommen, das unmittelbar oder mittelbar aus einer Arbeitsleistung resultiert und in Geld ausgezahlt wird.[14] Durch § 850 Abs. 4 ZPO wird weiterhin klargestellt, dass Arbeitseinkommen alle in Geld zahlbare Vergütungen ohne Rücksicht auf ihre Benennung oder Berechnungsart sind, die dem Schuldner aus seiner Arbeits- oder Dienstleistung zustehen. Es ist gleichgültig, ob es sich um laufende oder um einmalige Bezüge handelt. Auch die Bezeichnung spielt keine Rolle. Als Arbeitseinkommen zählen daher Gehalt, Besoldung, Zeit-, Stück- und Akkordlohn, Provisionen, Diäten, Gagen, Honorare, aber auch die Inflationsausgleichpauschale, Vergütung des Arbeitnehmers im Aufsichtsrat, das Gehalt eines Vorstandsmitglieds einer Aktiengesellschaft und das Gehalt eines GmbH-Geschäftsführers. Ein Arbeitsverhältnis ist immer dann anzunehmen, wenn der Schuldner persönlich oder wirtschaftlich von dem Arbeitgeber abhängig und regelmäßig einen wesentlichen Teil seiner Arbeitszeit für den Arbeitgeber tätig ist.

Die Pfändung erfasst nur das Arbeitsverhältnis, das zum Zeitpunkt der Zustellung des Pfändungs- und Überweisungsbeschlusses besteht. Eine Kündigung und Wiedereinstellung bei demselben Arbeitgeber beeinträchtigt die Pfändung nicht, sofern es sich insgesamt wirtschaftlich gesehen um ein einheitliches Arbeitsverhältnis handelt.

Die Pfändung umfasst nach § 832 ZPO nicht nur das bei Zustellung des Pfändungs- und Überweisungsbeschlusses fällige Arbeitseinkommen, sondern auch alle weiteren Fälligkeiten, bis die Forderung des Gläubigers beglichen ist. Lohnnachzahlungen werden von der Pfändung ebenfalls erfasst.

Bei Bedienungsgeldern für Kellner, Friseure usw. gilt eine Besonderheit. Das Bedienungsgeld von zumeist ca. 15 % wird vom Kellner als Teil des Kaufpreises für die dem Gast verabreichten Speisen und Getränke oder als Aufschlag zum Kaufpreis für den Wirt kassiert. Das Geld wird damit Eigentum des Wirts. Der Kellner hat gegen seinen Wirt ggf. nur einen Anspruch

14 Kindl/Meller-Hannich, § 850, Rn. 3.

auf Auszahlung des Bedienungsgeldes, das damit Arbeitseinkommen in diesem Sinne ist. Dagegen sind Mehrbeträge, die der Gast freiwillig gibt (freiwilliges Trinkgeld), für den Kellner ein rein persönliches Geschenk und damit kein Arbeitseinkommen.[15]

Lösung: Hier im Fall muss der Arbeitgeber also das normale Bedienungsgeld zum Arbeitseinkommen hinzurechnen, die freiwilligen Trinkgelder bleiben außer Betracht.

Unter Ruhegelder sind die Ansprüche aus der betrieblichen Altersversorgung nach dem Ausscheiden des Arbeitnehmers aus dem Betrieb zu verstehen. Auf Ruhegelder, die der Arbeitgeber selbst nach Eintritt in den Ruhestand weiterbezahlt, erstreckt sich eine bestehende Pfändung, § 832 ZPO. Ruhegeld, das eine Pensionskasse mit eigener Rechtspersönlichkeit bezahlt, wird von einer gegen den bisherigen Arbeitgeber ausgebrachten Pfändung nicht erfasst. Das Ruhegeld muss in diesem Fall neu mit der Pensionskasse als Drittschuldner gepfändet werden. Hinterbliebenenbezüge sind Witwen- und Waisengeld sowie alle sonstigen Leistungen, die nach dem Tod des früheren Arbeitnehmers seinen Hinterbliebenen aufgrund eines Beamten-, Angestellten- oder Arbeitsverhältnisses fortlaufend gewährt werden. Die Zahlung erfolgt entweder durch den Arbeitgeber, eine Pensionskasse oder einen Versicherungsträger. Entschädigungen, die einem früheren Arbeitnehmer für die Beschränkung seiner Tätigkeit nach Beendigung des Arbeitsverhältnisses gewährt werden (z. B. Karenzentschädigungen), sind dem Arbeitseinkommen nach § 850 Abs. 3 ZPO gleichgestellt. Für eine einmalige Abfindung besteht Pfändungsschutz nach § 850i ZPO. Nach § 850 Abs. 3 ZPO sind Versicherungsleistungen in Rentenform aufgrund von Verträgen zur Versorgung des Versicherungsnehmers oder seiner unterhaltsberechtigten Angehörigen ausdrücklich dem Arbeitseinkommen gleichgestellt, da sie ganz oder teilweise Ruhegelder oder Hinterbliebenenbezüge ersetzen.

6.2 Absolut unpfändbare Bezüge

Fall: Der Arbeitnehmer ist ledig und hat ein laufendes monatliches Bruttoeinkommen in Höhe von 2017,88 €. In dem Abrechnungsmonat erhält er eine Mehrarbeitsvergütung in Höhe von 230,00 € brutto und eine Vergütung für Rufbereitschaft in Höhe von 270,00 € brutto. Das Gesamtbruttoeinkommen beläuft sich damit auf 2,517,88 €. Von welchem Betrag ist bei der Berechnung des pfändbaren Teils des Arbeitseinkommens auszugehen?

15 Hierzu Stöber/Rellermeyer, C34.

Gewisse Bezüge sind nach § 850a ZPO für unpfändbar erklärt. Diese Einkommensteile werden daher von der Pfändung nicht erfasst und können auch nicht selbstständig gepfändet werden. Die Unpfändbarkeit ist vom Arbeitgeber in jedem Fall zu beachten, auch wenn der Pfändungsvordruck den genauen Wortlaut des § 850a ZPO nicht enthält. Zu beachten ist bei der Pfändung wegen Unterhaltsansprüchen, dass die absolut unpfändbaren Bezüge nach § 850d ZPO teilweise wieder für pfändbar erklärt werden.

Zur Berechnung des pfändbaren Arbeitseinkommens muss der Arbeitgeber wie folgt vorgehen: Zunächst ist das Gesamtbruttoeinkommen zu berechnen. Hierzu gehören alle Vergütungen in Form von Geld, die der Arbeitnehmer aus einem gegenwärtigen oder früheren Arbeitsverhältnis erhält. Hierbei muss es sich um wiederkehrende Vergütungen handeln, wobei auch regelmäßige Bezüge hierzu zählen, die jährlich nur einmal gezahlt werden (wie Weihnachts- und Urlaubsgeld oder auch tarifliche Einmalzahlungen). Zum Gesamtbruttoeinkommen zählen auch die Steuern und Beiträge zur Sozialversicherung. Von dem Gesamtbruttoeinkommen sind danach die nach § 850a ZPO unpfändbaren Bezüge abzuziehen. Allerdings ist gesetzlich nicht geregelt, ob die unpfändbaren Beträge mit dem Bruttobetrag oder dem Nettobetrag abzuziehen sind. In der Literatur und der Rechtsprechung war bisher umstritten, ob die unpfändbaren Lohnanteile mit dem Netto- oder Bruttobetrag bei der Berechnung der pfändbaren Beträge in Abzug zu bringen sind. Das Bundesarbeitsgericht hat sich in seinem Grundsatzurteil vom 17.04.2013 für die sog. Nettomethode entschieden.[16] Das Bundesarbeitsgericht zieht zur Berechnung des pfändbaren Einkommens zunächst die unpfändbaren Bezüge vom Bruttoeinkommen ab, um dann aus diesem Betrag die gesetzlichen Abzüge (Steuern und Sozialversicherungsbeiträge) fiktiv zu errechnen. Aus dem hieraus errechneten Nettoeinkommen wird dann der pfändbare Betrag mithilfe der Pfändungstabelle festgestellt. Anschließend wird das tatsächliche Nettoeinkommen unter Zugrundelegung der gesamten Abzüge für Steuern und Sozialversicherungsbeiträge ermittelt, und zwar einschließlich der unpfändbaren Bezüge. Nach Abzug des dann ermittelten pfändbaren Betrags, der an den Gläubiger ausbezahlt wird, wird das restliche Nettoeinkommen an den Arbeitnehmer ausbezahlt. Nach der bis zur Entscheidung des Bundesarbeitsgerichts häufig praktizierten Bruttomethode werden dagegen die unpfändbaren Lohnanteile zusammen mit den auf diese entfallenden Beträgen für Steuern und Sozialversicherung berücksichtigt. Bei beiden Methoden werden die Steuern und Abgaben bei der Berechnung der unpfändbaren Lohnanteile jeweils nur einmal berücksichtigt. Die Bruttolohnberechnung ist für den Gläubiger von

16 BAG, Urt. v. 17.04.2013–10 AZR 59/12.

Nachteil, da die entsprechenden Steuer- und Sozialversichungsanteile bei den unpfändbaren Lohnanteilen hinzugerechnet werden. Nach der Nettolohnberechnung (nach der Lösung des Bundesarbeitsgerichts) werden die Steuern und Sozialversicherungsbeiträge zugunsten des Gläubigers zur Berechnung der unpfändbaren Lohnanteile abgezogen.

Nach § 850a Nr. 1 ZPO ist die Hälfte der für die Leistung von Mehrarbeitsstunden gezahlten Teile des Arbeitseinkommens unpfändbar. Mehrarbeitsstunden sind in diesem Sinne nur Arbeitsstunden, die über die für das Unternehmen bestimmte normale (gewöhnliche) Arbeitszeit hinaus geleistet werden. Gewöhnliche Arbeitszeit ist die im Tarifrecht oder die in der Betriebs- oder Dienstordnung für die Vollbeschäftigung festgelegte Zeit. Die Mehrarbeitsstunden müssen in der gewöhnlichen Freizeit geleistet werden, wobei es gleichgültig ist, ob sie im Anschluss an die normale Arbeitszeit, zur Nachtzeit oder an Sonn- und Feiertagen geleistet werden. Ist Sonntags- und Nachtarbeit normale, wenn auch höher vergütete Arbeitszeit, fällt der hierfür gezahlte Arbeitslohn nicht in den Bereich der unpfändbaren Bezüge. Alle Einnahmen für eine erhöhte Leistung während der Dienstzeit wie Akkordlohn, Leistungszulagen und Prämienlohn und die für Bereitschaftsdienst gezahlte Vergütung zählen gleichfalls nicht zum Bereich der unpfändbaren Bezüge. Nebenverdienste des Schuldners nach seiner täglichen Arbeit bei einem anderen Arbeitgeber unterliegen ebenfalls der Regelung des § 850a Nr. 1 ZPO. Sofern ein Zusammenrechnungsbeschluss des Vollstreckungsgerichts vorliegt, sind diese damit zur Hälfte unpfändbar.[17]

Unpfändbar sind außerdem die für die Dauer eines Urlaubs über das Arbeitseinkommen hinaus gewährten Bezüge, Zuwendungen aus Anlass eines besonderen Betriebsereignisses und Treuegelder, soweit sie den Rahmen des Üblichen nicht übersteigen, § 850a Nr. 2 ZPO. Was üblich ist, ergibt sich aus einem Vergleich mit der Praxis gleichartiger Unternehmen. Unter Urlaubsgeld ist nur die zusätzliche Zuwendung zur Bestreitung der erhöhten Urlaubsausgaben zu verstehen. Der während des Urlaubs weitergezahlte Lohn ist Arbeitseinkommen und bleibt als solcher der Pfändung unterworfen.

Aufwandsentschädigungen, Auslösungsgelder und sonstige soziale Zulagen für auswärtige Beschäftigung, das Entgelt für selbst gestelltes Arbeitsmaterial, Gefahren-, Schmutz- und Erschwerniszulagen sind unpfändbar, soweit sie den Rahmen des Üblichen nicht übersteigen, § 850a Nr. 3 ZPO.

Zu Aufwandsentschädigungen zählen insbesondere Reisekosten, Kilometergelder, Auslagen für Reisevorbereitungen, Spesen und Repräsentations-

17 Hintzen, Rn. 220, einschränkend: Kalmeier/Potthoff, S. 118.

kosten. Durch die Erstattung dieser Kosten wird das pfändbare Einkommen nicht erhöht. Zum Entgelt für selbst gestelltes Arbeitsmaterial zählen Kostenerstattungen für die Be- und Abnutzung von eigenem Werkzeug und die Aufwendungen für die betriebliche Nutzung eines privaten Kraftfahrzeugs des Arbeitnehmers. Unter Gefahrenzulagen sind alle Zulagen zu verstehen, die dem Arbeitnehmer gezahlt werden, weil er bei der Ausübung seiner Arbeit besonderen Gefahren ausgesetzt ist (Arbeiten im Hoch- und Tiefbau, Umgang mit Chemikalien usw.). Schmutzzulagen betreffen Tätigkeiten, bei denen der Arbeitnehmer besonderen Verschmutzungen ausgesetzt ist (z. B. Kanalarbeiten). Erschwerniszulagen werden gewährt, wenn die Arbeit mit besonderen Erschwernissen verbunden ist, z. B. bei Pflegekräften in Krankenhäusern und Altenpflegeeinrichtungen. Dabei muss nach allgemeiner Meinung die tatsächliche Erschwernis aus dem Charakter der Arbeit resultieren. Zulagen für eine ungünstige Arbeitszeit unterfallen hiernach nicht dem Begriff „Erschwerniszulagen". Nach neuerer Auffassung sollen dagegen Zulagen und Zuschläge für Arbeiten an Sonn- und Feiertagen (nicht Samstagszuschläge) und zur Nachtzeit auch als Erschwerniszulage gelten und damit unpfändbar sein.[18] Bei der Wechselschichtzulage handelt es sich ebenfalls um eine Erschwerniszulage.[19]

Mit der Einschränkung auf das Übliche soll verhindert werden, dass durch ein niedriges festes Einkommen und hohe Aufwandsentschädigungen weite Teile des Arbeitseinkommens dem Gläubigerzugriff entzogen werden. Üblich sind die durch Tarifvertrag, Betriebs- oder Dienstordnung oder gesetzliche Regelung festgelegten Leistungen oder die in dieser Weise bei anderen vergleichbaren Unternehmen bezahlten Beträge. Diese Einkommensanteile dürfen nicht Teil des Arbeitseinkommens sein, damit sie unpfändbar sind. Aufgrund ihrer Zweckbestimmung zur Abgeltung erhöhter Mehraufwendungen müssen sie, damit sie dem Pfändungsschutz unterfallen, getrennt vom Arbeitsverdienst berechnet und geleistet werden. Unpfändbar ist außerdem nach § 850a Nr. 4 ZPO die Weihnachtsvergütung bis zur Hälfte des Betrags, dessen Höhe sich nach der Aufrundung des monatlichen Freibetrags nach § 850c Abs. 1 in Verbindung mit Abs. 4 auf den nächsten vollen 10-Euro-Betrag ergibt. Unter dem Begriff Weihnachtsgeld ist durchweg das sog. 13. Monatsgehalt zu verstehen. Hierunter fallen auch weitere Zahlungen, soweit diese aus Anlass des bevorstehenden Weihnachtsfestes bezahlt werden. Maßgeblich ist, dass die Zahlungen den Zeitraum zwischen dem 15.11. und 15.01. des Folgejahres betreffen. Die sog.

18 Hintzen, Lohnpfändung 2024, Rn. 139; Mock, § 6, Rn. 58 ff.

19 OVG Lüneburg, Beschl. v. 17.09.2009–5 ME 186/09, offengelassen BAG, Urt. v. 19.03.2014–10 AZR 744/13.

Jahressonderzahlung nach verschiedenen Tarifverträgen unterliegt damit nicht dem Pfändungsschutz nach § 850a Nr. 4 ZPO.[20]

Lösung: Hier im Fall beträgt die unpfändbare Mehrarbeitsvergütung nach der Nettolohnberechnung 115,00 € (1/2 Mehrarbeitsvergütung in Höhe von 230,00 EUR), auch die Hälfte der Rufbereitschaft in Höhe von 270,00 €, also 135,00 € sind unpfändbar. Angenommen, Steuern und Sozialversicherungsbeiträge betragen 650,00 €, so sind vom Gesamtbruttoeinkommen von 2,517,88 € insgesamt 900,00 € abzuziehen, sodass das pfändungsrechtliche Nettoeinkommen 1617,88 € beträgt. Pfändbar sind in diesem Fall ohne Unterhaltspflichten 82,78 €. Bei Unterhaltspfändungen ist von ¼ der Bruttobeträge auszugehen, s. § 850d ZPO. Diese besonderen Freigrenzen für unpfändbare Bezüge muss der Drittschuldner von sich aus berücksichtigen, wenn eine Unterhaltspfändung vorliegt.

Unpfändbar sind nach § 850a Nr. 5 ZPO außerdem Heirats- und Geburtsbeihilfen, nach § 850a Nr. 6 ZPO Erziehungsgelder, Studienbeihilfen und ähnliche Bezüge sowie Sterbebezüge nach § 850a Nr. 7 ZPO und die Blindenzulage nach § 850a Nr. 8 ZPO.

6.3 Bedingt pfändbare Bezüge

Nach § 850b ZPO werden Renten und rentenähnliche Bezüge nach den für die Pfändung von Arbeitseinkommen geltenden Regeln gepfändet, sofern die besonderen Voraussetzungen des § 850b Abs. 2 ZPO vorliegen. Diese Ansprüche sind allerdings kein Arbeitseinkommen, sondern werden diesem nur gleichgestellt. Auf diese Ansprüche wird hier nicht weiter eingegangen.

6.4 Altersteilzeit

Durch das Altersteilzeitgesetz[21] wird älteren Arbeitnehmern ein begleitender Übergang vom Erwerbsleben in die Altersrente ermöglicht. Der sich hier ergebende Aufstockungsbetrag wird dem normalen Arbeitseinkommen hinzugerechnet und gilt somit als Arbeitseinkommen in Sinne von § 850 ZPO. Soweit der Aufstockungsbetrag von einer Ausgleichskasse oder einer sonstigen Einrichtung gezahlt wird, können Arbeitseinkommen und Aufstockungsbetrag auf Antrag zusammengerechnet werden, § 850e Nr. 2 ZPO. Das sich hierdurch erhöhte Arbeitseinkommen wird von der Pfändung nach den §§ 850a ff ZPO Fall erfasst. Wird der Aufstockungsbetrag dem Arbeitseinkommen nicht unmittelbar zugerechnet, sondern auf ein Arbeits-

20 Hierzu Kalmeier/Potthoff, S. 78.

21 Gesetz vom 23.07.1996, zuletzt geändert durch Gesetz vom 16.12.2022, BGBl. I 2022, 2328.

zeitkonto eingezahlt und angespart, um hieraus später die Arbeitsfreistellung zu finanzieren, gehört der Aufstockungsbetrag nicht zum Arbeitseinkommen und wird auch nicht von einer Pfändung erfasst. Wird das eingezahlte Guthaben später zur Auszahlung frei, handelt es sich hier um eine sonstige Vergütung nach § 850i ZPO, sodass hier der Arbeitnehmer gegebenenfalls einen Pfändungsschutzantrag stellen müsste.

6.5 Betriebliche Altersversorgung und Entgeltumwandlung

Aufgrund des Altersvermögensgesetzes hat ein Arbeitnehmer gegenüber seinem Arbeitgeber einen Anspruch auf betriebliche Altersversorgung durch eine Direktversicherung oder durch Entgeltumwandlung. Der Arbeitnehmer kann danach vom Arbeitgeber verlangen, dass von seinen künftigen Entgeltansprüchen bis zu vier vom Hundert der jeweiligen Beitragsbemessungsgrenze in der Rentenversicherung der Arbeiter und Angestellten durch Entgeltumwandlung für seine betriebliche Altersversorgung verwendet werden. Durch eine Vereinbarung einer Entgeltumwandlung handelt es sich bei den jeweiligen Beträgen nicht mehr um Arbeitseinkommen. Die Entgeltumwandlung kann auch dann noch vorgenommen werden, wenn das Arbeitseinkommen bereits gepfändet ist. Der Pfändungsgläubiger kann sich nicht darauf berufen, dass die Vereinbarung ihm gegenüber unwirksam ist.[22]

6.6 Das Nettoeinkommen

Fall: Der Arbeitnehmer hat einen Bruttolohn von 1800,00 €. Beim Arbeitgeber geht ein Pfändungs- und Überweisungsbeschluss ein, wonach das Arbeitseinkommen schlechthin gepfändet wird. Von welchen gepfändeten Beträgen hat der Arbeitgeber auszugehen?

Lösung: Der Arbeitgeber muss bei einer Pfändung immer zuerst den Nettolohn ermitteln, s. § 850e ZPO. Von dem Brutto-Arbeitseinkommen müssen zunächst die nach § 850a ZPO der Pfändung entzogenen Bezüge abgezogen werden (vgl. Abschn. 6.2). Die Beträge, die unmittelbar aufgrund steuerrechtlicher oder sozialrechtlicher Vorschriften zur Erfüllung gesetzlicher Verpflichtungen des Schuldners abzuführen sind, sind gleichfalls abzuziehen wie auch die auf den Auszahlungszeitraum entfallenden Beträge, die der Schuldner nach den Vorschriften des Sozialversicherungsgesetzes zur Weiterversicherung entrichtet oder an eine Ersatzkasse oder an ein Unternehmen der privaten Krankenversicherung leistet, soweit sie den Rahmen des Üblichen nicht übersteigen. Bei der Krankenversicherung sind dabei nur solche Beträge zu berücksichtigen, die der Schuldner zur Erlangung eines eigenen Versicherungsschutzes

22 Kalmeier/Potthoff, S. 83; str. a. A. Hintzen, Lohnpfändung 2024, Rn. 149.

einsetzt, nicht diejenigen für Versicherungsbeiträge seiner Angehörigen.[23] Außerdem dürfen nur solche Krankenversicherungsbeiträge berücksichtigt werden, die auf den Lohnzahlungszeitraum entfallen. Rückständige Beiträge bleiben außer Betracht. Der hiernach unpfändbare Krankenversicherungsbeitrag ist außerdem begrenzt durch den Höchstbeitragssatz der gesetzlichen Krankenversicherung.[24]

Nach Errechnung des Nettolohns hat der Drittschuldner die Unterhaltsberechtigten und die Freibeträge festzustellen (s. Abschn. 7).

23 Kindl/Meller-Hannich, § 850e, Rn. 3; str. a. A. Kalmeier/Potthoff, S. 81.
24 Stöber/Rellermeer C.362.

7. Berechnung des pfändbaren Arbeitseinkommens

7.1 Freibeträge

Fall: Der Mitarbeiter ist verheiratet und hat ein Kind. Das Arbeitseinkommen wird jeweils zum Monatsende bezahlt. Der Pfändungs- und Überweisungsbeschluss wird dem Arbeitgeber im August 2024 zugestellt. Für den Monat August stehen dem Arbeitnehmer neben einem Bruttolohn von 4000,00 € eine Überstundenvergütung in Höhe von 150,00 €, eine Gefahrenzulage in Höhe von 50,00 € und ein Urlaubsgeld von 250,00 € zu. Durch Zufall hat der Arbeitgeber erfahren, dass der Mitarbeiter auch noch seine bedürftigen Eltern unterstützt. Wie hat der Arbeitgeber die Berechnung vorzunehmen? Was hat er alles zu berücksichtigen?

Der Arbeitgeber hat nach der Errechnung des Nettolohns die Unterhaltsberechtigten und die Freibeträge festzustellen. § 850c Abs. 1 ZPO bestimmt pfändungsfreie Grundbeträge für den Schuldner und zusätzliche unpfändbare Grundbeträge, wenn der Schuldner gesetzliche Unterhaltspflichten erfüllt. Den pfändbaren Betrag ermittelt der Drittschuldner anhand der amtlichen Lohnpfändungstabelle. Gemäß § 850c Abs. 4 ZPO ändern sich die unpfändbaren Beträge ggf. jeweils zum 01.07. eines Jahres. Letztmals wurden die Pfändungs-Freigrenzen zum 01.07.2024 durch Bekanntmachung vom 10.05.2025/23.05.2024 angehoben. Der Arbeitgeber hat unterhaltsberechtigte Personen zu berücksichtigen, wenn der Schuldner zu Unterhaltsleistungen gesetzlich verpflichtet ist und diesen unterhaltsberechtigten Personen auch tatsächlich Unterhalt gewährt wird. Der Schuldner muss seiner Unterhaltspflicht dabei nicht freiwillig nachkommen. Eine unterhaltsberechtigte Person ist daher auch dann zu berücksichtigen, wenn für ihren Unterhalt vom Arbeitseinkommen des Schuldners Beträge einbehalten werden, da auch in diesem Fall der Schuldner, wenn auch gezwungenermaßen, Unterhalt leistet. Gesetzliche Unterhaltsberechtigte können der Ehegatte (§ 1360 BGB, auch bei Getrenntleben, § 1361 BGB), ein früherer Ehegatte (§ 1569 ff. BGB), der Lebenspartner, ein früherer Lebenspartner und Verwandte in gerader Linie (eheliche und nicht eheliche Kinder, Enkelkinder, Eltern, Großeltern, vgl. § 1601 BGB) sein. Eine gesetzliche Unterhaltspflicht besteht dagegen nicht gegenüber dem nicht ehelichen Lebensgefährten, Stief- oder Pflegekindern, Geschwistern, Schwiegereltern und sonstigen Verwandten, auch wenn sie im Haushalt des Schuldners leben.

Nach § 1602 BGB ist ein Verwandter nur dann unterhaltsberechtigt, wenn er sich nicht selbst unterhalten kann. Unerheblich ist, ob der Schuldner diesen Personen gegenüber ganz oder nur teilweise Unterhalt leistet. Maßgeblich ist, dass überhaupt Unterhalt geleistet wird. So ist anerkannt, dass bei nicht getrennt lebenden Eheleuten die Ehefrau des Schuldners und umgekehrt der Ehemann der Schuldnerin bei der Berechnung des unpfändbaren Teils des Arbeitseinkommens vom Drittschuldner in voller Höhe zu berücksichtigen ist, selbst wenn der Ehegatte berufstätig ist und ein eigenes Einkommen hat, das selbst über die gesetzlichen Freibeträge hinausgeht.[25] Der Ehepartner ist als Unterhaltsberechtigter in diesem Fall nur dann nicht zu berücksichtigen, wenn das Vollstreckungsgericht einen entsprechenden Beschluss gefasst hat, § 850c Abs 6 ZPO (Modul R im Pfändungs- und Überweisungsbeschluss).

Selbst wenn der Gläubiger gegen beide berufstätige Ehepartner als Gesamtschuldner die Vollstreckung betreibt, ist der jeweilige andere Ehepartner bei der Berechnung des pfändbaren Arbeitseinkommens zu berücksichtigen. Kinder sind jeweils bei dem Elternteil mit zu berücksichtigen, gegen den vollstreckt wird, selbst wenn die Vollstreckung gegen beide Elternteile erfolgt. Möglich ist aber auch, dass Kinder pfändungsrechtlich „aufgeteilt" werden, d. h., ein Kind wird dem Vater und ein Kind wird der Mutter zugerechnet oder beide Kinder werden jetzt nur zur Hälfte berücksichtigt.[26] Maßgeblich sind die Ausführungen im Pfändungs- und Überweisungsbeschluss. Kinder des Schuldners, die über ein eigenes ausreichendes Einkommen verfügen, bleiben dagegen unberücksichtigt. Andererseits kommt es für die Frage einer Unterhaltspflicht nicht allein darauf an, ob das Kind noch minderjährig und unverheiratet ist, § 1603 Abs. 2 BGB.

Im Pfändungsbeschluss für pfändende Normalgläubiger („gewöhnliche" Gläubiger, anders bei der Pfändung durch einen Unterhaltsberechtigten oder eines Gläubigers wegen einer vorsätzlich begangenen unerlaubten Handlung) werden regelmäßig die zu berücksichtigenden Unterhaltslasten des Schuldners nicht konkret bezeichnet. Meist kennen der Vollstreckungsgläubiger und das Vollstreckungsgericht die Verhältnisse des Schuldners nicht. Der Pfändungsbeschluss kann daher so gefasst werden, dass er nur Angaben über den für jedes erst noch zu ermittelnde Familienmitglied verbleibenden Freibetrag enthält, sog. Blankettbeschluss. In diesen Fällen ist es Sache des Drittschuldners, die unterhaltsberechtigten Angehörigen zu ermitteln und zu berücksichtigen. Veränderungen durch Geburt, Tod oder Scheidung kann der Drittschuldner nach Vorlage entsprechender Unterlagen berücksichtigen. Der Drittschuldner muss sich in dieser Situation vergegenwärtigen, dass irgendwelche Fehler seinerseits hier für ihn Schadensersatzpflichten auslösen können und er möglicherweise zweimal den gepfändeten Lohn bezahlen muss.

---

25 Kalmeier/Potthoff, S. 97.

26 So BGH, Beschl. v. 16.04.2015 – IX ZB 41/14.

Der Drittschuldner muss selbst für weitere Aufklärung sorgen, wobei ihm allerdings nicht die Verpflichtung abverlangt wird, Ermittlungen darüber anzustellen, ob der Schuldner den Unterhaltsberechtigten auch tatsächlich Unterhalt leistet. Zu empfehlen ist dem Drittschuldner daher, den Schuldner vor dem Lohnabzug zur Berechnung zu befragen bzw. anzuhören. Er genügt damit regelmäßig seinen Pflichten gegenüber Gläubiger und Schuldner. Andererseits darf er aber auch nicht die Angaben des Schuldners zugrunde legen, wenn er deren Unrichtigkeit von vornherein kennt. Verweigert der Arbeitnehmer jede Auskunft, und sind weitere Informationen aus den Personal- bzw. Lohnunterlagen nicht zu erlangen, kann er als ledig und kinderlos behandelt werden. In Zweifelsfällen sollte der Drittschuldner dem Gläubiger ggf. schon im Rahmen der Drittschuldnererklärung, ansonsten gesondert, die Einzelheiten seiner Berechnung darlegen. Widerspricht der Gläubiger nicht, kann er den Drittschuldner später nicht haftbar machen.

Änderungen während einer laufenden Pfändung muss der Drittschuldner von sich aus berücksichtigen (z. B. Geburt eines Kindes). Es ist allerdings von ihm nicht zu verlangen, dass er laufend Nachprüfungen vornimmt. Es ist Sache des Schuldners und des Gläubigers, dem Drittschuldner die ihm unbekannten Änderungen der Verhältnisse anzuzeigen. Begründeten Hinweisen hat er dagegen selbst nachzugehen. In nicht auszuräumenden Zweifelsfällen sollte der Drittschuldner den streitigen Betrag beim Amtsgericht hinterlegen, § 372 BGB. Es ist dann Sache von Gläubiger und Schuldner, sich zu einigen oder ggf. eine gerichtliche Klärung herbeizuführen, wem der hinterlegte Betrag zusteht. Oftmals wird auch nicht genügend beachtet, dass der Drittschuldner bei der Pfändung gleichsam Hilfsorgan des Vollstreckungsgerichts ist. Er kann aus diesem Grund, wie der Gläubiger und der Schuldner auch, mit dem Rechtsbehelf der Erinnerung gegen den Pfändungsbeschluss durch Entscheidung des Vollstreckungsgerichts eine Klarstellung über die Zahl der zu berücksichtigenden unterhaltsberechtigten Personen verlangen bzw. ob ein bestimmter Angehöriger zu berücksichtigen ist. Hinzuweisen ist in diesem Zusammenhang auch auf § 836 Abs. 3 ZPO, wonach der Schuldner verpflichtet ist, dem Gläubiger die zur Geltendmachung der Forderung nötige Auskunft zu erteilen und ihm die über die Forderung vorhandenen Urkunden herauszugeben. Der Gläubiger kann nach dieser Vorschrift die Auskünfte durch den Schuldner (nicht durch den Drittschuldner) auch erzwingen. Durch diese Vorschrift wird sichergestellt, dass der Gläubiger bei ihm vorhandene Zweifel ausräumen kann. Der Gesetzgeber hat dabei auch die berechtigten Interessen des Arbeitgebers berücksichtigt. Weshalb sollte der Arbeitgeber, der vielleicht ein jahrelanges Arbeitsverhältnis mit seinem Arbeitnehmer pflegt, im Interesse des Gläubigers Nachforschungen und Überprüfungen anstellen müssen. Dies obliegt in diesem Fall dem Gläubiger. Der Arbeitgeber darf grundsätzlich den Angaben seines Mitarbeiters vertrauen.

Lösung: Im Beispielsfall ist dem Arbeitgeber zu empfehlen, vor der Berechnung des Lohnabzugs seinen Mitarbeiter vorzuladen (oder ihn anzuschreiben) und ihn darüber zu befragen, in welchem Umfang er seine Eltern unterstützt und ob dies in Erfüllung seiner gesetzlichen Unterhaltspflicht erfolgt. Sollte sich dies zweifelsfrei ergeben, hat er diese unterhaltsberechtigten Personen bei der Berechnung zu berücksichtigen. Zu strenge Anforderungen an eine Nachprüfungspflicht, auch in rechtlicher Hinsicht, sollten dem Drittschuldner aber nicht abverlangt werden. Sollte das Gespräch mit dem Schuldner ergeben, dass dieser anderer Ansicht hinsichtlich der Anzahl der Unterhaltsberechtigten ist, kann ihn der Drittschuldner an das Vollstreckungsgericht zwecks Klarstellung verweisen. Neigt der Arbeitgeber aber dazu, sich der Auffassung des Schuldners anzuschließen, sollte er dessen Angaben seiner Berechnung zugrunde legen, diese aber dann dem Gläubiger mitteilen. Es ist dann dessen Aufgabe, eine entsprechende Entscheidung des Vollstreckungsgerichts herbeizuführen. Geht man im vorliegenden Fall davon aus, das Gespräch mit dem Schuldner habe ergeben, die Eltern nicht zu berücksichtigen, ergibt sich folgende Berechnung, wobei das Nettolohnprinzip (s. Abschn. 6) angewandt wird:

Bruttoeinkommen:	4000,00 €
./. die nach § 850 a ZPO der Pfändung entzogenen Beträge	
1/2 der Überstundenvergütung	75,00 €
Urlaubsgeld	250,00 €
Gefahrenzulage	50,00 €
./. LSt, KiSt, Sozialversicherung – fiktiv! –	1000,00 €
Nettoeinkommen somit:	2625,00 €

Aus der Lohnpfändungstabelle ergibt sich bei einem Nettoeinkommen von 2625,00 € und zwei unterhaltsberechtigten Personen ein pfändbarer Betrag von 101,62 €. Dieser Betrag ist an den Gläubiger abzuführen. Dem Schuldner sind auszuzahlen 2625,00 € abzgl. Pfändungsbetrag mit 101,62 € zzgl. die der Pfändung entzogenen Beträge mit insgesamt 375,00 €, also 2898,38 €.

Das Kindergeld ist bei der Pfändung nicht zu berücksichtigen. Wegen gesetzlicher Unterhaltsansprüche eines Kindes kann das Arbeitseinkommen nach Zusammenrechnung mit dem pfändbaren Teil des Kindergeldes gepfändet werden, s. § 850e Nr. 2 a ZPO. Drittschuldner können in diesem Fall dann der Arbeitgeber und die Familienkasse sein. In diesem Fall hat die Familienkasse den pfändbaren Teil des Kindergeldes zu errechnen, soweit dieser im Pfändungs- und Überweisungsbeschluss noch nicht beziffert ist, eine Drittschuldnererklärung gegenüber dem Pfändungsgläubiger abzugeben und das gepfändete Kindergeld an ihn auszuzahlen. Dem Arbeitgeber wird hiervon Mitteilung gegeben mit dem Hinweis, dass eine Drittschuldnererklärung insoweit abgegeben wurde und in dieser Richtung weitere Verpflichtungen aus dem Pfändungs- und Überweisungsbeschluss nicht bestehen. Die Pfändung wegen Unterhaltsansprüchen wird allerdings regelmäßig nach § 850d ZPO erfolgen, sodass bereits durch das Gericht die pfändbaren Bezüge festgestellt wurden.

Fall: Der Mitarbeiter verdient 6000,00 € brutto. Mit der Überstundenvergütung von 250,00 €, dem Urlaubsgeld von 250,00 € und der Gefahrenzulage von 80,00 € hat er ein Bruttoeinkommen in Höhe von 5580,00 €. Der Arbeitgeber errechnet auf der Grundlage der oben ausgeführten Nettolohnberechnung bei drei unterhaltsberechtigten Personen für die Pfändung ein Nettoeinkommen von beispielsweise 4623,00 €. Da die Lohnpfändungstabelle für monatlichen Nettolohn nur einen Betrag bis 4573,10 € berücksichtigt, ist sich der Arbeitgeber nicht sicher, wem der darüber hinausgehende Betrag zusteht.

§ 850c Abs. 1 ZPO bestimmt pfändungsfreie Grundbeträge für den Schuldner selbst und zusätzliche unpfändbare Grundbeträge, wenn der Schuldner gesetzliche Unterhaltspflichten erfüllt. Übersteigt das Arbeitseinkommen des Schuldners die unpfändbaren Grundbeträge, so gibt es nach den Berechnungsmerkmalen des § 850c Abs. 2 ZPO weitere pfändungsfreie Beträge. Hierdurch soll dem Schuldner der Anreiz zur Arbeit erhalten bleiben. Anhand der Pfändungstabelle kann der Drittschuldner unter Berücksichtigung der Unterhaltspflichten des Schuldners den gepfändeten Betrag selbst feststellen.

Die auf der Basis der Pfändungsfreigrenzenbekanntmachung 2024 veröffentlichte Tabelle (vgl. Anlage) enthält die nach den Berechnungsmerkmalen des § 850c ZPO pfändbaren Teile des Arbeitseinkommens bis 4573,10 € monatlich (1052,43 € wöchentlich, 210,50 € täglich). Im Pfändungsbeschluss genügt die Bezugnahme auf die Tabelle (sog. Blankettbeschluss). Von der Pfändung voll erfasst wird der Teil des Arbeitseinkommens, das diese Pfändungsschutzgrenzen übersteigt. Die Freibeträge steigen bei diesen relativ hohen Einkommen nicht mehr an.

Lösung: Der Arbeitgeber muss hier also den über 4573,10 € hinausgehenden Betrag in Höhe von 50,00 € (Differenz Nettoeinkommen: 4623,00 € zur Betragsgrenze: 4573,10 €) sowie den sich aus der Tabelle bei 4573,10 € ergebenden Betrag über 567,38 €, also insgesamt 617,38 €, an den Gläubiger abführen.

7.2 Nichtberücksichtigung unterhaltsberechtigter Personen

Fall: Der Mitarbeiter ist verheiratet und hat ein Kind. Er hat ein monatliches Nettoeinkommen von 3270,00 €. Es liegen bereits 3 Pfändungen vor. Im Pfändungs- und Überweisungsbeschluss eines weiteren Gläubigers ist angeordnet, dass bei der Berechnung des unpfändbaren Teils des Arbeitseinkommens der Sohn Thomas, geb. am 17.12.2011 nicht als Unterhaltsberechtigter zu berücksichtigen ist (s. Modul R im amtl. Formular). Welche Beträge sind an den Gläubiger abzuführen?

Die Berücksichtigung der Pfändungsfreibeträge für unterhaltsberechtigte Personen setzt voraus, dass der Schuldner zu Unterhaltsleistungen verpflichtet ist (vgl. Abschn. 7.1) und er auch tatsächlich Unterhalt leistet. Dabei ist es unerheblich, in welcher Form Unterhalt gewährt wird. Der Unterhalt kann in Form von Natural-, Geld- oder Dienstleistungen erfolgen. Die Berücksichtigung eines Angehörigen kann zu unbilligen Ergebnissen führen, wenn der Angehörige eigene Einkünfte hat oder Unterhalt nicht geleistet wird. Das Vollstreckungsgericht kann in diesen Fällen auf Antrag des Gläubigers bestimmen, dass diese Person bei der Berechnung des unpfändbaren Teils des Arbeitseinkommens ganz oder teilweise unberücksichtigt bleibt (§ 850c Abs. 6 ZPO). Die Bestimmung kann bereits im Pfändungsbeschluss oder auch nachträglich getroffen werden. Eine neue Pfändung ist nicht erforderlich. Die zeitliche Reihenfolge bei einer nachträglichen Anordnung bleibt erhalten. Bei mehreren Pfändungen gilt die Bestimmung nur für den Gläubiger, der sie erwirkt hat, wobei die bisherige Rangfolge der Pfändungen erhalten bleibt. Bei einer (ggf. nachträglichen) Anordnung der Nichtberücksichtigung eines Unterhaltsberechtigten profitiert also nur dieser Gläubiger ab Zustellung des Beschlusses von diesem Umstand. Der Arbeitgeber muss in diesem Fall mehrere Berechnungen vornehmen. Die Gläubiger, die einen entsprechenden Beschluss nicht erwirkt haben, erhalten auf der allgemeinen Grundlage im Rang der Pfändungsfolge die pfändbaren Beträge. Der Gläubiger, der den Beschluss erwirkt hat, erhält gleichzeitig Beträge aus dem nur für ihn geltenden erweiterten Pfändungsbereich.[27] In diesem Fall kann ein Gläubiger bzgl. des weiterreichenden Pfändungsbetrags andere Gläubiger, die eigentlich vorrangige Pfändungen erwirkt haben, auch „überholen“. Aufgrund der Regelung in § 850 Abs. 6 ZPO, wonach hier ein Antrag des Gläubigers an das Vollstreckungsgericht erforderlich ist, ist die Tatsache, dass unterhaltsberechtigte Personen über eigene Einkünfte verfügen, vom Drittschuldner ohne einen entsprechenden Beschluss nicht zu berücksichtigen. Der Arbeitgeber hat also nicht zu prüfen, ob der Unterhaltsberechtigte, dem der Schuldner Unterhalt leistet, über eigene Einkünfte verfügt.

27 Hintzen, Lohnpfändung 2024, Rn. 172.

Lösung: Im Beispielsfall ergibt sich bei zwei unterhaltsberechtigten Personen ein pfändbarer Betrag von 361,62 €, ohne Berücksichtigung des Sohnes ein pfändbarer Betrag von 608,41 €. Den Differenzbetrag von 246,79 € erhält der dritte Gläubiger. Für die vorrangigen Gläubiger muss der Arbeitgeber weiterhin von zwei unterhaltsberechtigten Personen ausgehen.

Fall: Der Mitarbeiter ist verheiratet und hat zwei Kinder. Die Ehefrau des Mitarbeiters ist halbtags beschäftigt und verfügt über ein geringes Einkommen. Im Pfändungs- und Überweisungsbeschluss wurde im vorgesehenen Feld (s. Modul R im amtlichen Formular) eine Anordnung getroffen, wonach die Ehefrau bei der Feststellung des nach der Tabelle zu § 850c Abs. 2 ZPO pfändbaren Betrages unberücksichtigt bleibt, allerdings wegen der gleichwohl teilweise zu berücksichtigenden gesetzlichen Unterhaltspflicht der unpfändbare Teil des Arbeitseinkommens um „Betrag x" € zu erhöhen ist. Welche Beträge sind an den Gläubiger abzuführen?

Zu ungerechten Ergebnissen kann es auch kommen, wenn eine unterhaltsberechtigte Person, der auch Unterhalt geleistet wird, über ein eigenes geringes Einkommen verfügt. In diesem Fall kann sie zumindest teilweise für ihren Unterhalt selbst aufkommen. Daher kann nach § 850c Abs. 6 ZPO das Vollstreckungsgericht auch bestimmen, dass diese Person teilweise unberücksichtigt bleibt.

Lösung: Für den Gläubiger, der den Beschluss erwirkt hat, ist der nach der Tabelle unpfändbare Teil des Arbeitseinkommens des Schuldners wegen seiner nur teilweise zu berücksichtigenden gesetzlichen Unterhaltspflicht gegenüber seiner Ehefrau um den vom Gericht festgesetzten Betrag zu erhöhen.

7.3 Unterhaltspfändungen

7.3.1 Pfändungsfreibeträge

Fall: Der geschiedene Arbeitnehmer hat ein pfändungsrechtliches Nettoeinkommen in Höhe von 3020,00 €. Zwei minderjährige Kinder pfänden wegen ihrer rückständigen und laufenden Unterhaltsansprüche. In dem Pfändungs- und Überweisungsbeschluss ist angeordnet, dass dem Schuldner 750,00 € pfandfrei zu belassen sind. Zeitlich vor dieser Pfändung hat bereits die geschiedene Ehefrau wegen ihrer Unterhaltsansprüche ebenfalls mit Herabsetzung des pfandfreien Betrags gepfändet.

Von welchem Nettoeinkommen ist bei einer Unterhaltspfändung auszugehen?

Bei einer Unterhaltspfändung gelten andere Regelungen für die Berechnung des Pfändungsbetrags als bei einer gewöhnlichen Geldforderung. Im Pfändungs- und Überweisungsbeschluss ist hier das Modul Q (und für eine vorsätzlich begangene unerlaubte Handlung das Modul S) zu beachten. Erfolgt für einen Unterhaltsgläubiger eine Pfändung ohne eine Anordnung im Modul Q, sind die Besonderheiten einer Unterhaltspfändung nicht zu berücksichtigen. Gleiches gilt bei der vorsätzlich begangenen unerlaubten Handlung mit Modul S. Bei einer Unterhaltspfändung wird nur auf Antrag des Gläubigers vom Gericht der pfandfreie Betrag im Modul Q festgesetzt bzw. Modul S bei der vorsätzlich begangenen unerlaubten Handlung. Von diesem Betrag hat der Arbeitgeber auszugehen. Ein weitverbreiteter Irrtum besteht bei der Behandlung von Unterhaltspfändungen im Zusammenhang mit bereits vorliegenden Pfändungen wegen gewöhnlicher Forderungen. Ein Unterhaltsgläubiger erhält nicht einen Vorrang gegenüber Gläubigern, die wegen gewöhnlicher Geldforderungen gepfändet haben. Durch eine Unterhaltspfändung wird die Reihenfolge der Pfändungen, die durch die Zustellung der Pfändung begründet wurde (§ 804 Abs. 3 ZPO), nicht verändert. Der Gläubiger einer Unterhaltsforderung kann „nur“ in einen weiteren Bereich des Arbeitseinkommens vordringen. In diesem Sinne ist auch der allgemein bekannte Satz zu verstehen, dass Unterhaltspfändungen anderen Pfändungen im Range vorgehen. Bei einer bereits bestehenden Lohnpfändung und einer nachfolgenden Unterhaltspfändung bekommt der Unterhaltsgläubiger daher nur die Beträge, die ihm aufgrund seines Vorrechts zustehen, der Gläubiger der bereits bestehenden Pfändung erhält weiterhin die pfändbaren Beträge wie vor der Zustellung der Unterhaltspfändung. Hinsichtlich des Vorrechtsbereichs, den das Gericht im Pfändungsbeschluss festlegt, gelten dagegen Besonderheiten. Im Gegensatz zum pfändbaren Bereich nach der Pfändungstabelle, für welchen der Prioritätsgrundsatz gilt (wer zuerst kommt mahlt zuerst), kommt es für den Vorrangbereich auf die Rangfolge der Unterhaltsberechtigten nach § 1609 BGB und § 16 Lebenspartnerschaftsgesetz an. Sind vorrangige unterhaltsberechtigte Personen zu berücksichtigen, setzt das Vollstreckungsgericht auch für diese Personen einen pfandfreien Betrag fest. Bei gleichrangigen Unterhaltspflichten ist zu berücksichtigen, dass neben dem festen unpfändbaren Betrag für die weiteren gleichrangigen Unterhaltsgläubiger ein Bruchteil des Mehrbetrags pfandfrei festgesetzt werden kann. Damit soll sichergestellt werden, dass für gleichrangige Unterhaltsgläubiger gleich hohe Beträge zur Verfügung stehen.

Einschränkungen ergeben sich für den Schuldner aber auch bei der Vergütung von Mehrarbeitsstunden, dem Urlaubsgeld und den Weihnachtszuwendungen. Dem Schuldner sind von den Mehrarbeitsstunden hier nur ¼, von dem Urlaubsgeld 1/2 und von der Weihnachtszuwendung 1/2 zu belassen. Der Drittschuldner muss diese Pfändungsfreibeträge auch dann beachten, wenn sie im Pfändungs- und Überweisungsbeschluss nicht ausdrücklich aufgeführt sind.

Lösung: Hier verbleiben dem Arbeitnehmer pfandfrei 750,00 €. Die minderjährigen Kinder gehen nach § 1609 BGB der geschiedenen Ehefrau im Rang vor, sodass die Ehefrau ab Zustellung der Pfändung(en) aus dem Vorrangbereich keine Zahlungen mehr erhält. Soweit ihre Pfändung den für jede Pfändung nach der Pfändungstabelle pfändbaren Betrag erfasst, wird sie nach dem Prioritätsgrundsatz auch gegenüber den minderjährigen Kindern weiterhin berücksichtigt. Für diesen Bereich gilt die Rangfolge der Unterhaltsberechtigten nicht. Die Ehefrau erhält also nach Zustellung der Pfändungen für die minderjährigen Kindern weiterhin (nur noch) aus dem Nettolohn von 3020,00 € bei zwei Unterhaltsberechtigten monatlich 261,62 €. Im Vorrangbereich sind damit für die unterhaltsberechtigten Kinder 2008,38 € pfändbar (2758,38 unpfändbar für gewöhnliche Gläubiger abzüglich absolut unpfändbar 750,00 €). In diesem Vorrangbereich gilt der Prioritätsgrundsatz nicht. Es kommt also nicht darauf an, ob die Pfändungen gleichzeitig oder zeitlich nacheinander erfolgen. Soweit vom Gericht nichts anderes angeordnet wird, sind die Kinder damit mit jeweils 1004,19 € zu berücksichtigen.

7.3.2 Berechnung der pfändbaren Beträge

Fall: Der Schuldner ist verheiratet und hat zwei eheliche Kinder und ein nicht eheliches Kind. Er hat ein Nettoeinkommen von 4900,00 €. Für das nicht eheliche Kind ergeht ein Pfändungs- und Überweisungsbeschluss wegen 3000,00 € Rückständen und laufenden Unterhalts von monatlich 250,00 €. Das Vollstreckungsgericht hat im Beschluss ausgeführt, dass dem Schuldner monatlich 900,00 € pfandfrei zu belassen sind. Von dem darüber hinausgehenden Betrag ist ¼ pfändbar.

Das Vollstreckungsgericht hat bei einer Pfändung durch einen bevorrechtigten Gläubiger dem Schuldner nur so viel zu belassen, als er für seinen notwendigen Unterhalt und zur Erfüllung seiner laufenden gesetzlichen Unterhaltspflichten gegenüber den dem Gläubiger vorgehenden Berechtigten oder zur gleichmäßigen Befriedigung der dem Gläubiger gleichstehenden Berechtigten bedarf, § 850d Abs. 1 Satz 2 ZPO. In diesen Fällen ergeht daher durch das Vollstreckungsgericht kein Blankettbeschluss nach § 850c ZPO. Das Vollstreckungsgericht hat im Beschluss stattdessen die Höhe des Freibetrags festzulegen. Es wird sich dabei an den konkreten Lebenshaltungskosten in dem Gebiet orientieren, in dem der Schuldner wohnt. Der Drittschuldner hat sich an die im Beschluss festgeschriebenen Beträge zu halten, bis ihm ein Änderungsbeschluss des Vollstreckungsgerichts zugestellt wird. § 850d

Abs. 2 ZPO legt weiter fest, welche Berechtigten dem Gläubiger vorgehen oder welche gleichberechtigt sind.

An erster Stelle kommen nach § 850d Abs. 2 ZPO i. V. m. § 1609 BGB die minderjährigen unverheirateten Kinder und Kinder im Sinne des § 1603 Abs. 2 Satz 2 BGB, dann Elternteile, die wegen der Betreuung eines Kindes unterhaltsberechtigt sind oder im Fall einer Scheidung wären, sowie Ehegatten und geschiedene Ehegatten bei einer Ehe von langer Dauer… An nächster Stelle kommen Ehegatten und geschiedene Ehegatten, soweit sie nicht zur vorhergehenden Fallgruppe zählen. Dann kommen die Kinder, die nicht am ersten Rang stehen, also regelmäßig die volljährigen Kinder. Danach kommen Enkelkinder und weitere Abkömmlinge, sodann die Eltern und zuletzt weitere Verwandte der aufsteigenden Linie, wobei unter ihnen die Näheren den Entfernteren vorgehen. Allein schon aus dieser Aufzählung wird deutlich, dass der Arbeitgeber sich bei der Berechnung des pfändbaren Betrags wegen der Ermittlung der Anzahl der unterhaltsberechtigten Personen mit seinem Mitarbeiter in Verbindung setzen muss. Bei einer Pfändung darf ein Arbeitgeber daher nicht nur von ihm vielleicht bekannten minderjährigen Kindern und einem etwaigen Ehepartner ausgehen.

Das Pfändungsvorrecht des § 850d ZPO erhalten die Unterhaltsgläubiger nur auf Antrag. Der Pfändungsbeschluss muss die entsprechenden Ausführungen in Modul Q enthalten. Falls der Gläubiger sein Vorrecht nicht geltend macht oder ausdrücklich eine Pfändung nach § 850c ZPO verlangt, sind die Pfändungsgrenzen nach den für gewöhnliche Forderungen geltenden Vorschriften festzulegen. Für die Pfändung von Unterhaltsrückständen, die nicht länger als ein Jahr vor dem Antrag auf Erlass des Pfändungs- und Überweisungsbeschlusses fällig geworden sind, gelten diese Vorschriften ebenfalls. Ältere Rückstände sind nach § 850c ZPO zu behandeln, sofern das Vollstreckungsgericht eine abweichende Regelung vornimmt.

Lösung: Im Beispielsfall sind dem Schuldner von seinem Nettoeinkommen über 4900,00 € pfandfrei 900,00 € zu belassen. Von dem Restbetrag über 4000,00€ ist ¼, also 1000,00 € pfändbar und an das nicht eheliche Kind als pfändenden Gläubiger abzuführen. Der Betrag ist so lange an den Gläubiger zu bezahlen, bis die Rückstände ausgeglichen sind. Ist nur noch der laufende Unterhalt mit 250,00 € offen, ist an den Gläubiger monatlich nur noch dieser Betrag zu überweisen.

Fall-Abwandlung: Der geschiedene Arbeitnehmer hat ein monatliches pfändungsrechtliches Nettoeinkommen in Höhe von 5680,00 €. Von den drei minderjährigen Kindern erwirkt ein Kind einen Pfändungs- und Überweisungsbeschluss. Gegenüber der geschiedenen Ehefrau besteht keine Unterhaltsverpflichtung. Das Vollstreckungsgericht hat den unpfändbaren Betrag auf 1300,00 € zzgl. 2/3 des Mehrbetrags festgesetzt.

Nach der Vorstellung des Gesetzgebers soll ein Unterhaltsgläubiger durch die Vorschrift des § 850d ZPO und die dadurch vorzunehmende Festsetzung des unpfändbaren Betrages bessergestellt werden als ein Gläubiger, der nur wegen gewöhnlicher Forderungen gepfändet. Dem Arbeitnehmer darf daher bei der Unterhaltspfändung kein höherer Betrag verbleiben, als ihm nach § 850c ZPO gegenüber einem nicht bevorrechtigten Gläubiger verbleiben würde. In diesem Fall muss der Arbeitgeber eine Vergleichsberechnung vornehmen. Bei der Vergleichsberechnung ist die Person, die selbst pfändet, nicht als unterhaltsberechtigt zu berücksichtigen.

Lösung: Vom pfändungsrechtlichen Nettoeinkommen über 5680,00 € haben dem Arbeitnehmer 1300 € zu verbleiben. Vom Mehrbetrag über 4386,23 € sind 2/3 zusätzlich pfandfrei für die weiteren Kinder, also 2924,15 €, zusammen mit den 1300,00 € also pfandfrei 4224,15 €. Pfändbar sind damit 1462,08 € (1/3 des 1300,00 € übersteigenden Betrags). Bei einer Pfändung nach § 850c ZPO stünde dem Kind bei der Berücksichtigung von zwei unterhaltsberechtigten Personen 1994,75 € als pfändbar zu. Der pfändbare Betrag nach der Pfändungstabelle ist damit höher als der pfändbare Betrag, den das Gericht festgesetzt hat. Der Beschluss nach § 850d ZPO stellt den Pfändungsgläubiger in diesem Fall schlechter als einen gewöhnlichen Gläubiger. Der Arbeitgeber hat daher im Rahmen einer Vergleichsberechnung den pfändbaren Betrag nach der Pfändungstabelle zu ermitteln. Der pfändbare Betrag nach der Pfändungstabelle ist hier höher als der pfändbare Betrag, der sich aus der Festsetzung des Gerichts ergibt. Die bevorrechtigte Pfändung wirkt sich hier zum Nachteil des Unterhaltsgläubigers aus. Da das nicht der Sinn einer bevorrechtigten Pfändung ist, muss der Arbeitgeber den pfändbaren Betrag nach der Pfändungstabelle ermitteln.

7.4 Zusammentreffen mehrerer Pfändungen

7.4.1 Normale Pfändungen

Fall: Der Gerichtsvollzieher stellt gleichzeitig zwei Pfändungs- und Überweisungsbeschlüsse denselben Schuldner betreffend zu. Gläubiger A hat wegen einer Forderung aus dem Jahr 2023 von 2000,00 €, Gläubiger B wegen einer Forderung aus dem Jahr 2024 von 1000,00 € die Pfändung erwirkt.

Grundsätzlich sind mehrere Pfändungs- und Überweisungsbeschlüsse in der zeitlichen Reihenfolge ihrer Zustellung beim Drittschuldner zu befriedigen. Ohne Belang ist es, welche Forderung für welchen Gläubiger zuerst entstanden ist bzw. tituliert wurde. Auch das Datum des Pfändungs- und Überweisungsbeschlusses spielt keine Rolle. Maßgeblich ist allein das Datum und die Uhrzeit der Zustellung. Aufgrund dieses Prioritätsgrundsatzes geht das durch eine frühere Pfändung wirksam begründete Pfandrecht einem später erworbenen Pfandrecht vor. Der erstpfändende Gläubiger ist vor allen anderen Gläubigern, die eine Anschlusspfändung erwirkt haben, zu befriedigen. Bei Gehaltsforderungen erstreckt sich das Pfandrecht dabei auch auf die erst nach der Pfändung fällig werdenden Beträge, § 832 ZPO.

Es kann aber auch vorkommen, dass mehrere Pfändungen gleichzeitig zugestellt werden. Das ist vor allem dann der Fall, wenn die verschiedenen Gläubiger durch vorhergehende Vollstreckungsmaßnahmen, z.B. durch einen Vollstreckungsversuch in bewegliche Sachen durch den Gerichtsvollzieher oder aufgrund eines Protokolls im Rahmen der Vermögensauskunft, praktisch gleichzeitig den Arbeitgeber in Erfahrung bringen konnten und daraufhin eine Lohnpfändung beantragten. In diesem Fall sind die Pfändungen bei gleichzeitiger Zustellung gleichrangig zu behandeln. Es kommt hier also nicht darauf an, welche Pfändung der Gerichtsvollzieher zuerst überreicht. Maßgeblich ist allein, dass die Zustellungen zur gleichen Zeit und nicht zu verschiedenen Zeiten am selben Tag erfolgen. Der Drittschuldner muss also die Pfändungen gleichrangig behandeln, wobei eine Aufteilung des pfändbaren Betrages nach Kopfteilen oder nach dem Verhältnis der Forderungen denkbar ist.[28] Im Zwangsversteigerungsgesetz ist für die Vollstreckung in Grundstücke in § 10 Abs. 1 ZVG eine Regelung enthalten, die bei dieser Interessenkollision auf das Verhältnis der Beträge abstellt.

Lösung: Wendet man hier diesen Rechtsgedanken entsprechend an, erfolgt im Beispielsfall die Aufteilung im Verhältnis der geltend gemachten Forderungen von 2000,00 € zu 1000,00 € gleich 2:1. Bei einem Nettoeinkommen von 2725,00 € hat hier der Arbeitgeber nach Ermittlung der unterhaltsberechtigten Personen (z.B. Ehefrau, ein Kind) einen pfändbaren Betrag von 141,62 € errechnet, wovon der Gläubiger A 94,41 € und der Gläubiger B 47,21€ erhalten.

7.4.2 Mehrere Unterhaltspfändungen

Fall: Der Arbeitnehmer hat ein monatliches Nettoeinkommen von 3200,00 €. Er hat zwei minderjährige Kinder, denen er Unterhalt gewährt. Ein weiteres, nicht eheliches Kind pfändet wegen rückständigen Unterhalts in Höhe von 3000,00 € und monatlichem Unterhalt von 300,00 €. Ein weiteres nicht eheliches Kind pfändet zeitlich später wegen eines monatlichen Unterhalts von 450,00 €. Nach dem Beschluss des Vollstreckungsgerichts sind dem Schuldner 900,00 € pfandfrei zu belassen und von dem Mehrbetrag ¼ pfändbar.

28 So Hintzen, Lohnpfändung 2024, Rn. 174, Boewer, Rn. 268.

Lösung: Wie bereits ausgeführt, ist jede bevorrechtigte Pfändung auch eine Pfändung nach § 850c ZPO. Nach der Pfändungstabelle sind bei vier unterhaltsberechtigten Personen und einem Nettoeinkommen von 3200 € damit monatlich 41,70 € pfändbar. Dieser Betrag steht dem erst pfändenden nicht ehelichen Kind alleine zu. Nachdem dem Schuldner von seinem Nettoeinkommen über 3200,00 € pfandfrei 900,00 € zu belassen sind, errechnet sich der Mehrbetrag auf 2300 €. Da das Gericht angeordnet hat, dass von diesem Mehrbetrag ¼ pfändbar ist, also 575,00 €, beläuft sich der pfändbare Betrag bei zwei Pfändungen auf 575,00 €. Der erstpfändende Unterhaltsgläubiger erhält nach der Pfändungstabelle bereits 41,70 €, sodass ihm aus dem Vorrangbereich noch 575,00 € zustehen. Damit enthält der Vorrangbereich für beide Unterhaltsgläubiger einen Betrag von 1150,00 €, an dem beide Gläubiger gleichberechtigt sind. Hiervon erhält also der erste pfändende Gläubiger 575,00 € zuzüglich der 41,70 € nach der Pfändungstabelle, also 616,70 € und der zweitpfändende Unterhaltsgläubiger aus dem Vorrechtsbereich 575,00€. Vertretbar ist auch die Auffassung, dass beide Unterhaltsgläubiger nur nach § 850d ZPO zu berücksichtigen sind, sodass jeder die Hälfte von den 1150,00 € €, also 575,00 € erhält.

7.4.3 Normale Pfändungen und Unterhaltspfändungen

7.4.3.1 Normale Pfändung vor Unterhaltspfändung

Fall: Der Schuldner ist verheiratet, hat zwei eheliche und ein nicht eheliches Kind. Er verdient 3000,00 € netto. Ein Gläubiger pfändet das Arbeitseinkommen wegen einer Kaufpreisforderung über 2000,00 €. Zeitlich später erfolgt eine Pfändung für das nicht eheliche Kind wegen eines Unterhaltsrückstands über 1000,00 € und einem laufenden Unterhalt von mtl. 300,00 €. Das Gericht hat angeordnet, dass dem Schuldner ein Freibetrag von 600,00 € verbleiben muss und der Mehrbetrag zu ¼ pfändbar ist.

Der bevorrechtigte Gläubiger kann den Rang des zuerst pfändenden Gläubigers nicht zerstören. Die oft gebrauchte Wendung, dass Unterhaltsgläubiger anderen Gläubigern vorgehen, bedeutet nicht, dass hierdurch im Bereich des § 850c ZPO der Prioritätsgrundsatz aufgehoben wird. Vielmehr soll hierdurch nur zum Ausdruck gebracht werden, dass Unterhaltsgläubigern u. U. ein anderer, weiterer Teil des Arbeitseinkommens für eine Pfändung zur Verfügung steht.

Lösung: Hier im Fall erhält daher der erstpfändende Normalgläubiger weiterhin 1,70 € nach der Pfändungstabelle. Das pfändende Kind erhält vom Nettoeinkommen von 3000,00 € abzgl. der Pfändung mit 1,70 € und des Freibetrags von 600,00 € ¼ aus 2398,30 €, also insgesamt 599,58 € mtl.

7.4.3.2 Unterhaltspfändung vor normaler Pfändung

Fall: Der Schuldner ist verheiratet, hat zwei eheliche und ein nicht eheliches Kind. Er verdient 3000,00 € netto. Das nicht eheliche Kind pfändet wegen eines Unterhaltsrückstands über 1000,00 € und eines laufenden Unterhalts von mtl. 300,00 €. Das Gericht hat angeordnet, dass dem Schuldner ein Freibetrag von 600,00 € verbleiben muss und der Mehrbetrag zu ¼ pfändbar ist. Ein weiterer Gläubiger pfändet das Arbeitseinkommen wegen einer Kaufpreisforderung über 2000,00 €. Diese Pfändung enthält die Anordnung, dass der Unterhaltsgläubiger zunächst aus dem bevorrechtigten Bereich zu berücksichtigen ist.

Erfolgt die Pfändung für einen Unterhaltsgläubiger zeitlich vor der Pfändung für einen normalen Gläubiger, gilt wieder der Prioritätsgrundsatz, also die Rangfolge der Zustellung. Jede Unterhaltspfändung ist gleichzeitig auch eine „normale" Pfändung, sodass der für jeden Gläubiger pfändbare Betrag bereits für den Unterhaltsgläubiger gepfändet ist. Der normal pfändende Gläubiger wird erst dann berücksichtigt, wenn der Unterhaltsgläubiger befriedigt ist. Allerdings kann der nachrangige, nicht bevorrechtigte Gläubiger trotz der vorgehenden bevorrechtigten Pfändung doch noch pfändbare Beträge erreichen, sofern er einen entsprechenden Antrag nach § 850e Nr. 4 Satz 2 ZPO beim Vollstreckungsgericht stellt. Aufgrund eines stattgebenden Beschlusses des Vollstreckungsgerichts hat der Arbeitgeber den Unterhaltsberechtigten dann zunächst aus dem für diesen privilegierten bevorrechtigten Bereich zu befriedigen. Denkbar ist, dass dieser bevorrechtigte Gläubiger damit nicht mehr den vollen Bereich des pfändbaren Betrags aus der Pfändungstabelle benötigt und dieser dann für normal pfändende Gläubiger zur Verfügung steht. Diese Berechnung hat der Drittschuldner allerdings nicht von sich aus vorzunehmen, sondern erst aufgrund eines entsprechenden Beschlusses.

Lösung: Bei einer entsprechenden Anordnung des Gerichts hat der Arbeitgeber für die Unterhaltspfändung von dem vom Gericht errechneten Freibetrag auszugehen. Ergibt sich dann für den Normalgläubiger ein pfändbarer Betrag nach § 850c ZPO, ist dieser an diesen abzuführen.

7.5 Pfändung wegen vorsätzlicher unerlaubter Handlung

Fall: Dem Arbeitgeber wird ein Pfändungs- und Überweisungsbeschluss zugestellt, wonach er den unpfändbaren Betrag auf „Null" festzusetzen hat. Er hat Zweifel, ob es sich hier um einen Irrtum oder um einen Schreibfehler handelt.

Nach § 850f ZPO kann das Vollstreckungsgericht wegen einer Forderung aus einer vorsätzlich begangenen unerlaubten Handlung auf Antrag des

Gläubigers den pfändbaren Teil des Arbeitseinkommens ohne Rücksicht auf die in § 850c ZPO vorgesehenen Beschränkungen bestimmen, Modul S im Beschluss. Das Vollstreckungsprivileg erstreckt sich auch auf die Zahlung von Verzugszinsen und auf die Erstattung von Prozesskosten sowie die Kosten der Zwangsvollstreckung.[29] Das Vollstreckungsprivileg nach § 850f Abs. 2 ZPO reicht damit weiter als das Pfändungsprivileg nach § 850d ZPO für gesetzliche Unterhaltsansprüche. Bei Pfändungen für gesetzliche Unterhaltsansprüche genießen Zinsen, Prozess- und Vollstreckungskosten kein Vollstreckungsprivileg.[30] Dem Schuldner ist bei der Pfändung jedoch so viel zu belassen, wie er für seinen notwendigen Unterhalt und zur Erfüllung seiner laufenden gesetzlichen Unterhaltspflichten bedarf. Diese Regelung entspricht insoweit im Wesentlichen den Vorschriften bei einer Unterhaltspfändung. Eine Pfändung wegen einer vorsätzlich begangenen unerlaubten Handlung ist nicht nur denkbar durch die hierdurch geschädigte Person. Sie kann stattdessen auch durch Krankenkassen oder Sozialversicherungsträger, Landeswohlfahrtsverbände usw. erfolgen, die hier für geleistete Maßnahmen Regress nehmen. Der BGH[31] hat insoweit einen bemerkenswerten Beschluss erlassen, wonach hier dem Schuldner dasjenige belassen werden muss, was er zur Deckung des sozialhilferechtlichen Existenzminimums im Sinne des SGB XII benötigt. Es sind daher die im SGB XII anzuwendenden Grundsätze zur Anrechnung von Einkommen und geldwerten Vorteilen auch bei der Ermittlung des pfandfrei zu belassenden Betrages zu berücksichtigen. Im konkreten Fall bezog der Schuldner eine Altersrente in Höhe von 207,02 € und zusätzlich eine Unfallrente in Höhe von 527,36 €. Da seine nicht von ihm getrennt lebende Ehefrau über eigene monatliche Einkünfte in Höhe von 2300 € netto verfügte, stellte der BGH in diesem Fall fest, dass dieses Einkommen für beide Ehepartner ausreichend ist und das Einkommen und das Vermögen von nicht getrennt lebenden Ehegatten unmittelbar und unbeschadet zivilrechtlicher Bestimmungen des Unterhaltsrechts wie Einkommen und Vermögen des Hilfesuchenden selbst angesehen werden kann. Der BGH hielt es für sachgerecht, den unpfändbaren Betrag auf „Null“ festzusetzen. Diese Überlegungen können auch bei einer Unterhaltspfändung eine Rolle spielen, sodass auch dort, je nach Sachvortrag des Gläubigers, durch das Vollstreckungsgericht sehr unterschiedliche unpfändbare Beträge festgesetzt werden können. Ansonsten gelten wegen der Pfändung wegen einer vorsätzlichen unerlaubten Handlung wegen des Zusammentreffens mit anderen Pfändungen die gleichen Grundsätze, die bei der Unterhaltspfändung gelten. Nicht geklärt ist allerdings das Problem des

---

29 BGH NJW 2013, 1370.

30 Boewer, Rn. 758.

31 BGH, Beschl. v. 25.10.2012 – VII ZB 12/10.

Zusammentreffens einer Unterhaltspfändung mit der hier angesprochenen Pfändung im bevorrechtigten Bereich. Wie bei den Unterhaltspfändungen bereits ausgeführt, gilt im Vorrangbereich nicht der Prioritätsgrundsatz, sondern die Rangfolge der Unterhaltsberechtigten. Beim Zusammentreffen einer Unterhaltspfändung mit einer Pfändung aus einer vorsätzlichen unerlaubten Handlung hat eine sachgerechte Lösung in der Richtung zu erfolgen, dass diese anteilig mit den Unterhaltspfändungen zu berücksichtigen ist. Bei einer weiteren Unterhaltspfändung ist dieser Gläubiger zu 1/2 und bei zwei Unterhaltspfändungen zu 1/3 zu berücksichtigen.

Lösung: Von dem unwahrscheinlichen Fall abgesehen, dass es sich hier um einen Schreibfehler oder Irrtum handelt, ist es tatsächlich denkbar, dass dem Arbeitnehmer keine pfändbaren Beträge verbleiben.

7.6 Tilgungsreihenfolge

Fall: Dem Arbeitgeber wird am 28.08.2024 ein Pfändungs- und Überweisungsbeschluss zugestellt, wegen einer Forderung über 2,900,00 € zzgl. 9,75 % Zinsen ab 18.12.2015 und Gerichts- und Prozesskosten über 175,00 € nebst 4 % Zinsen ab dem 15.08.2016. Nach der Pfändungstabelle errechnet der Arbeitgeber einen pfändbaren Betrag von 98,41 € monatlich. Zahlung erfolgt jeweils zum 15. eines Monats. In welcher Reihenfolge ist die Tilgung vorzunehmen?

Der Drittschuldner ist für die richtige Reihenfolge der Schuldentilgung verantwortlich. Nach § 367 Abs. 1 BGB sind die pfändbaren Beträge zunächst auf die Kosten, dann auf die Zinsen und zuletzt auf den Hauptanspruch zu verrechnen. Bei mehreren Forderungen ist nach § 366 Abs. 2 BGB zunächst die ältere Schuld zu tilgen. Die Berechnung kann für den Drittschuldner ohne Unterstützung durch ein entsprechendes EDV-Programm u. U. sehr aufwendig werden. Bei der Vollstreckung in den Vorrechtsbereich bei Unterhaltsforderungen wird häufig das Pfändungsprivileg des § 850d ZPO auch für Prozesskosten, Vollstreckungskosten und Zinsen angewandt. Nach dem BGH[32] gilt das Vollstreckungsprivileg nicht für die Prozesskosten und Zinsen. Die Frage, ob die Kosten der Vollstreckung dagegen privilegiert sind, wird kontrovers diskutiert.[33] Der Arbeitgeber kann ungeachtet dieses Umstands die Kosten der Zwangsvollstreckung nach § 850d ZPO im Rahmen der Tilgungsreihenfolge berücksichtigen, bis ihm ein entsprechend anderslautender Beschluss des Vollstreckungsgerichts zugestellt wird. Eine andere Tilgungsreihenfolge ergibt sich, wenn es sich um einen Anspruch

32 BGH NJW-RR 2009, 1441.

33 Boewer, Rn. 725 zum Meinungsstand.

handelt, für den die Vorschriften des Verbraucherdarlehensvertrags gelten. Dann sind Zahlungen abweichend von § 367 Abs. 1 BGB zunächst auf die Kosten, dann auf die Hauptforderung und zuletzt auf die Zinsen zu verrechnen (vgl. § 497 BGB).

Lösung: Bei jeder Zahlung sind für die zu berücksichtigende Forderung die angefallenen Zinsen auszurechnen, da eine Zahlung zunächst auf die Zinsen und dann auf die Hauptforderung erfolgt usw. Hier ist eine taggenaue Berechnung notwendig (30 Tage/Monat, 360 Tage/Jahr). Der Zinsbetrag errechnet sich, indem die Hauptforderung mit den Zinstagen und dem Zinssatz multipliziert und durch 36 000 geteilt wird. In der Praxis wird der Arbeitgeber, sofern er nicht über ein taugliches EDV-Programm verfügt, mit dem Gläubiger Kontakt aufnehmen, sobald in etwa die geschuldeten Beträge getilgt sind und ihn um eine detaillierte Forderungsaufstellung unter Berücksichtigung der Zahlungen bitten. Da viele Gläubiger/Vertreter über entsprechende Programme verfügen, werden diese regelmäßig dem Arbeitgeber eine entsprechende Aufstellung übermitteln. Eine gesetzliche Verpflichtung hierzu besteht allerdings nicht. Der Arbeitgeber sollte bei einer übersandten Aufstellung allerdings darauf achten, dass diese entsprechend den dargestellten Grundsätzen die Zahlungen berücksichtigt.

8. Die Vorpfändung, das vorläufige Zahlungsverbot

Fall: Dem Arbeitgeber wird am 16.08.2024 durch den Gerichtsvollzieher eine Vorpfändung des Gläubigers A zugestellt. Für den Gläubiger B wird ein Pfändungs- und Überweisungsbeschluss am 19.08.2024 zugestellt. Am 23.09.2024 wird für den Gläubiger A ein Pfändungs- und Überweisungsbeschluss zugestellt. Der Drittschuldner hat zur eigenen Sicherheit bisher gar nichts gemacht, außer die pfändbaren Beträge einzubehalten. Wie muss er sich nun verhalten?

Der Pfändungs- und Überweisungsbeschluss wird – erst – mit Zustellung an den Drittschuldner wirksam. Hierdurch können sich für den Gläubiger gewisse Risiken ergeben. Er hat keinen Einfluss darauf, wie lange die Bearbeitung des Antrags beim Vollstreckungsgericht dauert. Es besteht die Gefahr, dass ein Antrag eines anderen Gläubigers, der vielleicht zur gleichen Zeit oder später den Arbeitgeber mitgeteilt bekam, schneller eine Pfändung erwirken kann. Auch kann der Schuldner bis zur Zustellung des Pfändungsbeschlusses den gesamten Lohn beanspruchen. Im Gesetz wurde daher eine Regelung getroffen, wonach es dem Gläubiger möglich ist, selbst und zwar bereits vor Erlass des Pfändungs- und Überweisungsbeschlusses eine Pfändung (durch die Vorpfändung) zu erreichen. Über die zu vollstreckende Geldforderung muss ein vollstreckbarer Titel vorliegen. Die Vorpfändung (= vorläufiges Zahlungsverbot) erfolgt dann dadurch, dass der Gläubiger dem Drittschuldner und dem Schuldner durch den Gerichtsvollzieher eine Benachrichtigung zustellen lässt, dass die Pfändung bevorsteht. Dabei kann der Gläubiger das vorläufige Zahlungsverbot selbst entwerfen, wofür keine besondere Form vorgeschrieben ist, oder den Gerichtsvollzieher mit der Erstellung des Zahlungsverbots beauftragen. Die Zustellung des Zahlungsverbots hat in jedem Fall aber durch den Gerichtsvollzieher zu erfolgen, was in der Praxis oftmals nicht beachtet wird. Ein Zahlungsverbot, das von einem Gläubigervertreter und nicht vom Gerichtsvollzieher zugestellt wurde, ist daher rechtlich unwirksam und vom Arbeitgeber nicht zu beachten. Die Benachrichtigung enthält die Aufforderung an den Drittschuldner, nicht an den Schuldner zu zahlen und die Aufforderung an den Schuldner, sich jeder Verfügung über die Forderung, insbesondere ihrer Einziehung zu enthalten, § 845 Abs. 1 ZPO.

Die Benachrichtigung muss inhaltlich im Wesentlichen den Anforderungen entsprechen, die an einen Pfändungs- und Überweisungsbeschluss gestellt werden. Die Vorpfändung hat die Wirkung eines Arrestes, wenn die Pfändung der Forderung innerhalb eines Monats bewirkt wird, § 845 Abs. 2 ZPO. Die Vorpfändung begründet ein Pfandrecht an der Forderung. Eine Einziehungsbefugnis erhält der Gläubiger dadurch nicht. Dieses Pfandrecht geht nachfolgenden Pfändungen vor, sofern die Pfändung innerhalb eines Monats nachfolgt, d. h., die Pfändung wirkt auf den Zeitpunkt der Zustellung der Vorpfändung zurück.

Lösung: Im Beispielsfall durfte der Drittschuldner nach Zustellung der Vorpfändung die pfändbaren Beträge an keinen der Beteiligten mehr ausbezahlen, sondern musste diese einbehalten. Da der Pfändungs- und Überweisungsbeschluss für den Gläubiger A nicht innerhalb eines Monats erging, hätte der Drittschuldner dann die einbehaltenen Beträge an den Schuldner ausbezahlen müssen. Für den Gläubiger B ist allerdings zwischenzeitlich eine weitere Pfändung eingegangen. Da nach Ablauf der Monatsfrist die Wirkung der Vorpfändung für den ersten Gläubiger weggefallen ist, muss der Drittschuldner nach dem Prioritätsgrundsatz nun zunächst die Pfändung des Gläubigers B berücksichtigen. Soweit dem Schuldner aufgrund der unwirksam gewordenen Vorpfändung noch Nachzahlungsansprüche zustanden, werden diese von der Pfändung des Gläubigers B erfasst, soweit diese noch nicht an den Schuldner ausbezahlt sind. Eine Drittschuldnererklärung ist bei einer Vorpfändung nicht abzugeben. Wäre der Pfändungs- und Überweisungsbeschluss für den ersten Gläubiger innerhalb eines Monats nach Zustellung des vorläufigen Zahlungsverbots dem Arbeitgeber zugestellt worden, hätte der Arbeitgeber als Pfändungsdatum das Datum der Zustellung des vorläufigen Zahlungsverbots zugrunde legen müssen und diese Pfändung vor Berücksichtigung der zweiten Pfändung bearbeiten müssen.

Auch eine wiederholte Vorpfändung ist zulässig. Die Wirkung der ersten Vorpfändung wird dadurch aber nicht verlängert. Andererseits erfasst die erneute Vorpfändung wieder das pfändbare Arbeitseinkommen, soweit dieses noch nicht an den Schuldner ausbezahlt war, sodass ein nunmehr rechtzeitig ergehender Pfändungs- und Überweisungsbeschluss den gesamten ausstehenden Lohn erfasst. Erwähnenswert ist in diesem Zusammenhang, dass für dieses Sicherungsverfahren im Allgemeinen der Begriff „Vorpfändung“ Verwendung findet. Der Drittschuldner sollte bei Drittschuldnererklärungen aufgrund von Lohnpfändungen bei der Frage, ob bereits andere Pfändungen bestehen, aus Gründen der Klarheit daher nicht den Begriff „Vorpfändung“ verwenden, sondern z. B. von „vorrangigen Pfändungen“ sprechen. Pfändende Gläubiger gehen ansonsten möglicherweise davon aus, dass nur vorläufige Zahlungsverbote vorliegen.

Vorläufiges Zahlungsverbot

gemäß § 845 Zivilprozeßordnung

Stuttgart, 02. 09. 2024

Hans Christen, Wiener Straße 15, 70191 Stuttgart

- Gläubiger -

vertreten durch Rechtsanwalt Jürgen Kerner, Werastraße 98, 70327 Stuttgart

gegen

Paul Fischer, Königstraße 25, 70190 Stuttgart

- Schuldner -

hat aufgrund der vollstreckbaren Ausfertigung des Vollstreckungsbescheids
des Amts- gerichts in 70190 Stuttgart vom 28. 06. 2024
(Gesch.-Nr 24-0251313-02-N) und des Kostenfestsetzungsbeschlusses vom
einen Anspruch auf Zahlung folgender Beträge:

3.280,-- EUR Hauptforderung
EUR 5 %-Punkte Zinsen seit dem 16.02.2024 auf die Hauptforderung
446,81 EUR festgesetzte Kosten - Kosten des Mahnverfahrens
dazu 5 %-Punkte Zinsen über dem Basiszinssatz seit dem
28. 06. 2024 aus den Kosten und
EUR Kosten der Zwangsvollstreckung

Wegen und in Höhe dieser Ansprüche steht die Pfändung des angeblichen Anspruchs des Schuldners gegen

Genaue Bezeichnung des Drittschuldners - Firmenbezeichnung bzw. Vor- und Zuname, genaue Anschrift

Autowerkstatt Johann Kiesbauer, Schelmenwasen 12, 70193 Stuttgart

- Drittschuldner -

aus Arbeitseinkommen einschließlich der künftig fällig werdenden Beträge aus dem gleichen Rechtsgrunde bevor.

Als Bevollmächtigter des Gläubigers benachrichtige ich hiermit Drittschuldner und Schuldner gemäß § 845 der Zivilprozeßordnung von der bevorstehenden Pfändung mit der Aufforderung,

an den **Drittschuldner**, nicht an den Schuldner zu zahlen,
an den **Schuldner**, sich jeder Verfügung über die Forderung, insbesondere ihrer Einziehung zu enthalten.

Diese Benachrichtigung hat von ihrer Zustellung an die Wirkung eines Arrestes (§§ 845, 930 ZPO), sofern die Pfändung der Forderung (Arbeitseinkommen) innerhalb eines Monats bewirkt wird.

An die
Verteilungsstelle für Gerichtsvollzieher-Aufträge
beim Amtsgericht
mit der Bitte um Zustellung an

1. Autowerkstatt Johann Kiesbauer (Drittschuldner)

2. Paul Fischer (Schuldner)

Rechtsanwalt

9. Pfändung und Aufrechnung

Fall: Dem Arbeitgeber wird am 05.08.2024 eine Lohnpfändung wegen einer Forderung über 8000,00 € zugestellt. Der Mitarbeiter ist verheiratet und hat ein Kind. Er hat ein Nettoeinkommen von 2800,00 €. Gegenüber dem Gläubiger erklärt der Arbeitgeber seine Zahlungsbereitschaft über einen monatlich pfändbaren Betrag in Höhe von 173,62 €. Am 26.08.2024 muss er feststellen, dass der betroffene Mitarbeiter bereits im Juli 2024 Werkzeug im Wert von 600,00 € entwendet hat. Da er den Mitarbeiter weiter beschäftigen will und möglichst zeitnah den Schaden ersetzt haben will, stellt sich für den Arbeitgeber die Frage, ob er gewisse Beträge trotz der Lohnpfändung einbehalten kann.

Nach § 387 BGB ist eine Aufrechnung möglich, wenn zwei Personen einander Leistungen schulden, die ihrem Gegenstand nach gleichartig sind und der Aufrechnende die ihm gebührende Leistung fordern und die ihm obliegende Leistung bewirken kann. Geldforderungen sind dabei immer gleichartig, sofern sie in der gleichen Währung bestehen. Die Ungleichartigkeit des Schuldgrundes ist dagegen ohne Bedeutung.[34] Eine Aufrechnung von Lohn- bzw. Gehaltsansprüchen mit Schadensersatzansprüchen ist daher möglich. Die bestehenden Gegenansprüche müssen dabei weder tituliert noch vollstreckbar sein. Ausreichend ist, dass diese Ansprüche vollwirksam und fällig sind. Es muss sich damit um eine Forderung handeln, deren Erfüllung erzwungen werden kann und der keine Einrede entgegensteht. Nicht aufrechenbar sind daher Ansprüche aus Spiel und Wette, aufschiebend bedingte bzw. gestundete Ansprüche, künftige oder durch Fristablauf erloschene Ansprüche. Zu beachten ist, dass eine Aufrechnung nur so weit möglich ist, als die Forderung auch gepfändet werden kann, § 394 BGB. Das bedeutet, dass die Pfändungsgrenzen der §§ 850 ff. ZPO auch bei der Aufrechnung beachtet werden müssen. Das Aufrechnungsverbot soll im öffentlichen Interesse verhindern, dass dem Gläubiger der unpfändbaren Forderung (also dem Schuldner, dem Arbeitnehmer) die Lebensgrundlage entzogen wird. Die Pfändungsgrenzen sind damit zwingend auch bei der Aufrechnung zu beachten.

Pfändung und Aufrechnung betreffen damit denselben Bereich des Arbeitseinkommens. Bei einem Zusammentreffen von Pfändung und Aufrechnung gilt insoweit auch wieder der Prioritätsgrundsatz mit der Besonderheit, dass der Drittschuldner mit einer Forderung gegen den Schuldner auch nach der Pfändung noch aufrechnen kann, wenn schon beim Wirksamwerden der Pfändung die Voraussetzungen der Aufrechnung vorlagen, § 392

34 Grüneberg/Grüneberg, § 387, Rn. 8.

BGB. Ausreichend ist, wenn die Aufrechnungsforderung zum Zeitpunkt der Zustellung der Pfändung ihrem Rechtsgrund nach entstanden ist. Auf die Kenntnis kommt es dabei nicht an. Die Aufrechnung erfolgt zwar durch Erklärung gegenüber dem Arbeitnehmer, die Erklärung bewirkt allerdings, dass die Forderungen, soweit sie sich decken, als in dem Zeitpunkt erloschen gelten, in welchem sie zur Aufrechnung geeignet einander gegenüberstanden, § 389 BGB. Die Aufrechnung tilgt die Forderung damit mit Rückwirkung auf den Zeitpunkt, in dem sich Haupt- und Gegenforderung erstmals aufrechenbar gegenüberstanden.[35] Bestand daher die Aufrechnungslage bereits vor der Zustellung der Pfändung, kann der Arbeitgeber mit Vorrang vor der Pfändung aufrechnen. Liegt dagegen bereits eine Pfändung vor, und tritt danach eine Aufrechnungslage ein, ist zunächst die Pfändung zu berücksichtigen.

Lösung: Im vorliegenden Fall ist die Aufrechnungslage zeitlich vor der Pfändung entstanden. Der Arbeitgeber kann daher mit monatlich 173,62 € aufrechnen bis zur Tilgung der Forderung mit 600,00 €. Anschließend ist dann die Pfändung zu berücksichtigen. Die Drittschuldnererklärung wird damit zwar unrichtig, allerdings handelt es sich dabei nicht um ein Schuldanerkenntnis, sondern um eine reine Wissenserklärung (Abschn. 5.1). Der pfändende Gläubiger kann aus dieser Erklärung keine Rechte herleiten. Der Arbeitgeber sollte den Gläubiger jedoch umgehend von dem neuen Sachverhalt unterrichten. Formulierungen in Drittschuldnererklärungen, wonach die gepfändete Forderung zwar anerkannt werde, der Drittschuldner sich aber die Aufrechnung mit Gegenforderungen noch vorbehalte, sind daher überflüssig, aber unschädlich.

35 Grüneberg/Grüneberg, § 389, Rn. 2.

10. Pfändung und Abtretung

Fall: Dem Arbeitgeber wird eine Lohnpfändung zugestellt, die einen Mitarbeiter betrifft, der erst seit fünf Monaten bei ihm beschäftigt ist. Die pfändbaren Teile des Arbeitseinkommens werden jeweils pünktlich an den Gläubiger abgeführt, als nach weiteren drei Monaten von einem anderen Gläubiger eine zwei Jahre alte Erklärung vorgelegt wird, wonach das gesamte Arbeitseinkommen gegenüber dem damaligen und jedem künftigen Arbeitgeber an diesen abgetreten ist. Ist die Abtretung vom Arbeitgeber ab sofort zu beachten? Muss er befürchten, für die Vergangenheit noch Zahlungen an den Abtretungsgläubiger erbringen zu müssen? Wie muss er sich bei Zweifeln an der Wirksamkeit der Abtretung verhalten? Muss er eine Drittschuldnererklärung abgeben?

Nach § 398 BGB kann eine Forderung von dem Gläubiger durch Vertrag mit einem anderen auf diesen übertragen werden (Abtretung). Der Abtretungsvertrag ist an keine besondere Form gebunden. Mit dem Abschluss des Vertrags tritt der neue Gläubiger an die Stelle des bisherigen Gläubigers. Auch Arbeitseinkommen kann als Geldforderung vom Gläubiger der Forderung, also dem Arbeitnehmer, durch Vertrag auf einen Dritten übertragen werden. Eine Einschränkung ergibt sich allerdings aus § 400 BGB, wonach eine Forderung nicht abgetreten werden kann, soweit sie der Pfändung nicht unterworfen ist. Eine Vereinbarung über die Abtretung unpfändbarer Lohnanteile ist nichtig. Das bedeutet, dass sich die Abtretung nur auf die pfändbaren Teile des Arbeitseinkommens beschränkt. Wird dieser Umstand, wie hier, nicht ausdrücklich in der Abtretung erwähnt, ist dies nach der Rechtsprechung allerdings unschädlich. Bei der Abtretung sind durch den Arbeitgeber daher immer die Pfändungsbeschränkungen nach §§ 850a ff. ZPO zu beachten. Häufig werden Lohnabtretungen zu Sicherungszwecken an Banken, Versicherungen und Bausparkassen vorgenommen. Regelmäßig ist in diesen Verträgen eine Formulierung dahingehend enthalten, dass der neue Gläubiger die Abtretung gegenüber dem Arbeitgeber so lange nicht offenlegt, wie der Abtretende seinen vertraglichen Verpflichtungen gegenüber dem Abtretungsempfänger nachkommt, also beispielsweise einen Kredit vereinbarungsgemäß zurückzahlt (sog. stille Abtretung). Erst wenn sich der Abtretende vertragswidrig verhält, darf die Abtretung durch den neuen Gläubiger offengelegt werden. Bei Vorlage der Abtretungserklärung, welche keine besondere Schriftform erfordert, wird häufig auch eine Drittschuldnererklärung verlangt. Hierzu gibt es allerdings keine spezielle Vorschrift, wie bei der Pfändung, vgl. dort § 840 ZPO. Soweit allerdings bereits im Rahmen der Abtretungserklärung der Arbeitnehmer die Ermächtigung erteilt hat, Auskünfte beim Arbeitgeber einzuholen, können diese in analoger Anwendung des § 840 ZPO erfolgen. Soweit hier Zweifel bestehen, sollte der Mitarbeiter befragt werden, ob Auskünfte erteilt werden können. M. E. handelt es sich zumindest um eine vertragliche Nebenpflicht aus dem Abtretungsvertrag, wonach der Abtretungsempfänger vom Arbeitnehmer auch nachträglich noch eine diesbezügliche Einwilligung verlangen könnte. Abtretungen sind im Gegensatz zu Pfändungen auch gegenüber künftigen Arbeitgebern möglich. Eine Pfändung ginge dagegen ins Leere, da diese erst nach Abschluss des Arbeitsvertrages greifen kann, die Abtretung aber bereits mit Abschluss des Arbeitsvertrages greift.

Lösung: Im Beispielsfall erfolgte die Abtretung zeitlich bereits vor der Anstellung des Schuldners. Mit Abschluss des Arbeitsvertrages ist die Abtretung jedoch wirksam geworden, sodass sie der später erfolgten Pfändung vorgeht. Der Arbeitgeber muss daher ab Kenntnis der Abtretung diese berücksichtigen und die Zahlungen an den Pfändungsgläubiger einstellen. Bis zur Kenntnis von der Abtretung ist er allerdings geschützt. Zahlungen an den bisherigen Gläubiger der Lohnforderung befreien ihn von seiner Zahlungspflicht, § 407 BGB. Eine Drittschuldnererklärung ist im Umfang des § 840 ZPO abzugeben, wenn der Abtretungsvertrag entsprechende Regelungen enthält.

Eine Abtretung kann allerdings auch durch Vereinbarung zwischen dem Arbeitgeber und dem Mitarbeiter ausgeschlossen sein bzw. nur mit Zustimmung des Arbeitgebers zulässig sein, vgl. § 399 BGB. Eine solche Klausel findet sich häufig in Arbeitsverträgen und Betriebsvereinbarungen. Das Arbeitseinkommen unterliegt in diesem Fall zwar der Pfändung (§ 851 Abs. 2 ZPO), eine gleichwohl erfolgte Abtretung ist jedoch unwirksam. Eine Pfändung ist in vollem Umfang wirksam, sollte auch vorher eine abredewidrige Abtretung erfolgt sein. Seit dem 01.10.2021 ist hier § 308 Nr. 9 BGB zu beachten. Der formularmäßige Ausschluss von Abtretungen ist in Arbeitsverträgen nicht mehr möglich, § 399 BGB. Dies gilt allerdings nicht für Arbeitsverträge, die vor dem 01.10.2021 abgeschlossen wurden. Besteht Unklarheit oder Streit über die Wirksamkeit oder den Zeitpunkt einer Abtretung, kann der Drittschuldner nach § 372 BGB hinterlegen, wenn er deshalb selbst Zweifel hat, wem die Forderung zusteht (vgl. unten Abschn. 19).

11. Pfändung und Lohnvorschuss bzw. Darlehen

Fall: Der Arbeitgeber gewährt einen Lohnvorschuss in Höhe von 2000,00 €. Die monatlichen Tilgungsraten wurden mit 50,00 € festgesetzt. Der Arbeitnehmer ist verheiratet, hat ein Kind und verdient 2850,00 € netto. Nunmehr ergeht eine Lohnpfändung wegen einer Forderung über 2500,00 €. Der Arbeitgeber errechnet den pfändbaren Betrag mit 193,62 €. Kann er diesen Betrag an den Gläubiger abführen?

Lohnvorschuss und Arbeitgeberdarlehen haben für den Mitarbeiter dieselbe Wirkung. In beiden Fällen erhält er einen Geldbetrag, den er später dem Arbeitgeber wieder zurückerstatten muss. Soweit Vorschuss und Darlehen allerdings mit einer Lohnpfändung zusammentreffen, ergeben sich erhebliche Unterschiede bei der Bearbeitung durch den Arbeitgeber. Lohnvorschuss ist eine Vorauszahlung auf einen noch nicht fälligen Lohnanspruch. Die Lohnzahlung wird hier im Einzelfall mit dem Zweck vorverlegt, dem Schuldner zur Überbrückung des Zeitraums bis zu einem absehbaren Zahlungstermin das Bestreiten des normalen Lebensbedarfs zu ermöglichen. Der Arbeitgeber erfüllt mit der Vorschusszahlung in entsprechender Höhe sukzessive die entstehende Lohnforderung des Arbeitnehmers. Dementsprechend ist auch keine Aufrechnungserklärung erforderlich und § 394 BGB, wonach ein Aufrechnungsverbot für unpfändbare Forderungen besteht, findet gleichfalls keine Anwendung. Erfolgt eine Lohnpfändung nach Auszahlung des Lohnvorschusses, so erfasst die Pfändung nur die durch den Vorschuss noch nicht gezahlte Lohnforderung des Schuldners. War dagegen bereits vor der Gewährung der Vorschusszahlung der Lohn gepfändet, kann der Arbeitgeber den gepfändeten Lohnteil im Verhältnis zum Gläubiger nicht mehr mit befreiender Wirkung an den Arbeitnehmer auszahlen. Der Vorschuss kann dann nur mit dem unpfändbaren Lohnanspruch des Schuldners verrechnet werden.[36] Ein Darlehen liegt dagegen vor, wenn der Kredit als solches ausdrücklich bezeichnet wird oder sich dies aus den Umständen des Einzelfalls unter Berücksichtigung des Parteiwillens ergibt. Kriterien für ein Darlehen sind die Hingabe gegen Zinsen bzw. auf längere Zeit, ein erheblich höherer Betrag als mit dem monatlichen Arbeitslohn kurzfristig wieder getilgt werden kann, oder Bestimmung eines bestimmten Zweckes, für den auch sonst üblicherweise Kreditmittel in Anspruch genommen werden. Diese Auffassung ist nicht unumstritten. Nach anderer Ansicht kommt es allein auf die ausdrücklichen Erklärungen von Arbeitgeber und Arbeitnehmer an, ob Lohnvorschuss oder Darlehen vereinbart wird.[37] Ein

36 BAG NZA 1987, 485.

37 Zum Meinungsstand: Boewer, Rn. 717 f.

Darlehen nach einer Lohnpfändung verstößt gleichfalls gegen das Zahlungsverbot. Das Darlehen kann damit ebenfalls nicht zulasten des Gläubigers gehen. Da eine Aufrechnung nur insoweit erfolgen kann, als eine Lohnpfändung möglich ist, ist die Aufrechnung zur Tilgung des Darlehns nicht möglich. Diese Tilgung kann erst nach vollständiger Befriedigung des Gläubigers erfolgen. Wurde das Darlehen gewährt, bevor die Lohnpfändung erfolgt ist, erfolgt die Tilgung durch entsprechende Aufrechnungserklärung mit den pfändbaren Lohnansprüchen. Nach den Grundsätzen des Zusammentreffens einer Lohnpfändung mit einer Abtretung gehen daher die Tilgungsraten der Pfändung vor, da diese ihrem Grunde nach bereits durch die Darlehensgewährung und damit vor der Pfändung entstanden sind.

Lösung: Im Beispielsfall erfolgte die Lohnpfändung nach dem geleisteten Vorschuss. Nach der Lohnpfändungstabelle ergibt sich ein pfändbarer Betrag von 193,62 € monatlich. Der Arbeitgeber kann aufgrund der Verrechnungsmöglichkeit 50,00 € einbehalten, sodass an den Gläubiger nur der Restbetrag mit 143,62 € monatlich auszuzahlen ist. Zum selben Ergebnis kommt man, wenn nicht allein auf die Bezeichnung als Vorschuss abgestellt wird, sondern aufgrund der Höhe des ausbezahlten Geldbetrags bei diesem Arbeitseinkommen und der konkret vereinbarten Rückzahlungsraten ein Darlehen annimmt. Das Darlehen gibt bereits die Möglichkeit der Aufrechnung, bevor das Zahlungsverbot der Lohnpfändung wirksam wird, sodass auch bei einer Pfändung, die nach Gewährung eines Darlehens erfolgt, der Gläubiger Beträge aus dem pfändbaren Einkommensanteil nur insoweit beanspruchen kann, als diese nicht durch Aufrechnung erloschen sind.

12. Mehrere Arbeitseinkommen

Fall: Der Schuldner ist halbtags bei der Firma A mit einem Nettoverdienst von 2600,00 € und daneben noch bei der Firma B (400,00 € netto) beschäftigt. Er ist verheiratet und hat zwei Kinder. Beiden Firmen wird ein Pfändungs- und Überweisungsbeschluss zugestellt, der die Zusammenrechnung der Arbeitseinkommen anordnet. Außerdem solle der unpfändbare Teil des Arbeitseinkommens in erster Linie aus Lohn bei der Firma A entnommen werden. Was haben die Firmen zu unternehmen?

Bei mehreren Arbeitseinkommen kann der Gläubiger beim Vollstreckungsgericht den Antrag stellen, dass diese zusammengerechnet werden, § 850e Nr. 2 ZPO. Daneben können auch Arbeitseinkommen und Sozialgeldleistungen zusammengerechnet werden. Das amtliche Formular stellt hierfür auch entsprechende Felder zur Verfügung (Modul N). Ein Zusammenrechnungsbeschluss gilt nur für die Pfändung, für die die Zusammenrechnung angeordnet wurde. Die Zusammenrechnung kann bereits im Pfändungs- und Überweisungsbeschluss oder auch nachträglich angeordnet werden. Durch die Zusammenrechnung wird der Schuldner einem Arbeitnehmer mit nur einem Arbeitseinkommen gleichgestellt. Der ihm zu belassende pfandfreie Betrag nach § 850c ZPO berechnet sich aus dem Gesamteinkommen. Im Pfändungsbeschluss wird festgesetzt, welchem Einkommen der unpfändbare Teil zu entnehmen ist. Die Drittschuldner müssen sich hier untereinander in Verbindung setzen, um das Einkommen richtig ermitteln zu können. Beim Nebeneinkommen handelt es sich um Mehrarbeitsstunden i. S. d. § 850a Nr. 1 ZPO, sodass dieses nur zur Hälfte pfändbar ist. Diese Vorschrift gilt auch, wenn die Tätigkeit bei einem weiteren Arbeitgeber ausgeübt wird.[38]

Lösung: Im Beispielsfall ergibt sich ein Gesamtnettoeinkommen von 2800,00 € (2600,00 € und 1/2 aus 400,00 EUR). Nach der Lohnpfändungstabelle ergibt sich ein pfändbarer Betrag von 36,38 €. Bei der Firma A ist das Einkommen nach der Lohnpfändungstabelle bereits insgesamt unpfändbar. Der restliche Grundfreibetrag ist dem Einkommen bei der Firma B zu entnehmen. Diesem Einkommen ist damit auch der pfändbare Betrag mit 36,30 € zu entnehmen und an den Gläubiger zu überweisen.

Die Möglichkeit der Zusammenrechnung mehrerer Arbeitseinkommen darf nicht auf den Sachverhalt übertragen werden, wenn mehrere Familienangehörige Arbeitseinkommen beziehen. Selbst wenn z. B. ein Ehepaar beim selben Arbeitgeber beschäftigt ist und gegen beide wegen einer Forderung, für die sie gesamtschuldnerisch aufzukommen haben, parallel zwei Pfändungen

38 Kindl/Meller-Hannich, § 850a, Rn. 4.

eingehen, ist jeder Schuldner pfändungsrechtlich für sich zu betrachten. Der Drittschuldner darf die beiden Einkommen nicht zusammenrechnen. Bei der Berechnung des pfändbaren Betrags ist der jeweils andere Ehegatte voll zu berücksichtigen, bis ggf. ein anders lautender Beschluss des Vollstreckungsgerichts ergeht.

13. Naturalleistungen

Fall: Der Schuldner hat keine Unterhaltsverpflichtungen. Er hat ein Nettoeinkommen von 1500,00 €. Er bewohnt kostenfrei eine Dienstwohnung, die mit monatlich 300,00 € zu bewerten ist. Von welchem Nettoeinkommen ist auszugehen?

Geld- und Naturalleistungen sind wie mehrfaches Arbeitseinkommen zusammenzurechnen, § 850e Nr. 3 ZPO. Solche gemischte Einnahmen sind denkbar bei landwirtschaftlichen Arbeitern, Hausmeistern und Hausangestellten und z. B. Hotelpersonal. Naturalleistungen können gewährt werden durch freie Kost und Wohnung, Stellung von Arbeitskleidung, verbilligte oder unentgeltliche Warenabgabe. Maßgebend bei der Zusammenrechnung ist der gewährte Vermögensvorteil. Die Naturalleistung muss als Teil der sonstigen Vergütung erbracht werden, damit eine Zusammenrechnung erfolgen kann. Die Zusammenrechnung hat der Drittschuldner auch ohne Anordnung des Vollstreckungsgerichts vorzunehmen. Der Drittschuldner kann für die Bewertung der einzelnen Sachbezüge auf die jährlich fortgeschriebene Verordnung über die sozialversicherungsrechtliche Beurteilung von Zuwendungen des Arbeitgebers als Arbeitsentgelt (Sozialversicherungsentgeltverordnung) zurückgreifen (zuletzt geändert durch Gesetz vom 27.11.2023 (BGBl. I Nr. 328 S. 1). Der Wert der als Sachbezug zur Verfügung gestellten Verpflegung wird nach dieser Verordnung auf monatlich 278,00 € festgesetzt. Der Wert einer Unterkunft beträgt monatlich 278,00 €. Für die unterschiedlichsten Fallvarianten enthält die Verordnung gleichfalls Festsetzungen. Eine gestellte eigene Wohnung ist jedoch mit dem ortsüblichen Mietpreis unter Berücksichtigung der sich aus der Lage der Wohnung zum Betrieb ergebenden Beeinträchtigungen zu bewerten, § 2 Abs. 4 Sozialversicherungsentgeltverordnung 2023.

Lösung: Im Beispielsfall ist also der Wert der Wohnung mit 300,00 € dem Nettoeinkommen von 1500,00 € hinzuzurechnen, sodass sich nach der Tabelle ein pfändbarer Betrag mit 215,78 € ergibt, der vom tatsächlichen Nettoeinkommen abzuziehen ist. Dem Schuldner verbleiben neben dem Wert der Wohnung mit 300,00 € dann noch pfandfrei 1584,22 €.

14. Pfändungsschutz nach § 850f ZPO

14.1 Erhöhter Schuldnerfreibetrag

Fall: Der Drittschuldner errechnet nach erfolgter Lohnpfändung für den Gläubiger A den pfändbaren Betrag für den Schuldner, der verheiratet ist und ein Kind hat, bei einem Nettoeinkommen von 2800,00 € auf 173,62 €. Es geht eine weitere Pfändung für den Gläubiger B ein. Dem Drittschuldner wird nun aufgrund eines entsprechenden Antrags des Schuldners, der krankheitsbedingt erhöhte Aufwendungen hat, ein Abänderungsbeschluss des Vollstreckungsgerichts zugestellt, wonach es den pfändbaren Betrag für den Gläubiger A auf 20,00 € festsetzt. Wie hat sich der Drittschuldner zu verhalten?

Das Gesetz geht mit der Tabelle zu § 850c ZPO (vgl. Anlage) von festen Beträgen aus, die auf der Grundlage allgemeiner Erfahrungssätze bestimmt werden. Man kann insoweit vom sog. Einheitsschuldner sprechen. Die pauschalierte Festsetzung der Pfändungsfreigrenzen wurde zuletzt mit Wirkung vom 01.07.2024 angehoben. Eine Anpassung erfolgt jährlich zum 01.07. Den wirtschaftlichen Verhältnissen wurden die Pfändungsfreigrenzen so angepasst, dass ein Absinken des dem Schuldner verbleibenden Resteinkommens unter das Existenzminimum verhindert wird. Die individuelle Lage des Schuldners kann es jedoch erforderlich machen, ihm einen zusätzlichen Schutz zu gewähren.

Auf Antrag ist dem Schuldner vom Vollstreckungsgericht ein weiterer Teil des pfändbaren Betrages zu belassen, wenn er nachweist, dass bei Anwendung der Pfändungsfreigrenzen der notwendige Lebensunterhalt im Sinne des Dritten und Vierten Kapitels des Zwölften Buches Sozialgesetzbuch oder nach Kapitel 3 Abschnitt 2 des Zweiten Buches Sozialgesetzbuch für sich und für die Personen, denen er Unterhalt zu gewähren hat, nicht gedeckt ist, besondere Bedürfnisse des Schuldners aus persönlichen oder beruflichen Gründen oder der besondere Umfang der gesetzlichen Unterhaltspflichten des Schuldners, insbesondere die Zahl der Unterhaltsberechtigten, dies erfordern und überwiegende Belange des Gläubigers nicht entgegenstehen.

Zu den besonderen persönlichen Gründen zählen hohe Aufwendungen aufgrund Krankheit oder Invalidität. Bedürfnisse aus beruflichen Gründen sind außergewöhnlich hohe Fahrtkosten zur Arbeitsstelle oder Aufwendungen für eine notwendige berufliche Umschulung. Ein besonderer Umfang der gesetzlichen Unterhaltspflichten kann dann vorliegen, wenn der Schuldner mehr als fünf Personen gegenüber Unterhaltsverpflichtungen erfüllen muss, da gesetzlich nur Freibeträge bis höchstens fünf unterhaltsberechtigte Personen geregelt sind. Der Drittschuldner muss ab Zustellung des Beschlusses den erhöhten Freibetrag beachten. Der Beschluss wirkt nur hinsichtlich des Gläubigers, zu dessen Lasten er ergangen ist. Bei mehreren Gläubigern muss jeweils ein gesonderter Beschluss ergehen.

Lösung: Im Beispielsfall hat der Drittschuldner ab Zustellung des Beschlusses für den Gläubiger A nur noch 20,00 € abzuführen. Der Gläubiger B, der aufgrund des Prioritätsprinzips zunächst nichts erhielt, erhält den bis zur Pfändungsfreigrenze weitergehenden Betrag mit 153,62 €, bis für den Schuldner vom Vollstreckungsgericht auch für diese Pfändung aufgrund eines Antrags des Schuldners ein entsprechender Beschluss nach § 850f ZPO ergeht.

14.2 Einschränkung des Schuldnerfreibetrags

Fall: Dem Drittschuldner liegt eine Lohnpfändung vor. Für den Pfandgläubiger zahlt er nach der Pfändungstabelle monatlich 1370,78 €. Für einen zweiten Gläubiger wird ihm eine weitere Pfändung zugestellt. Das Vollstreckungsgericht hat in diesem Pfändungs- und Überweisungsbeschluss den pfändbaren Betrag auf 1390,00 € festgesetzt (Modul S im Pfändungs- und Überweisungsbeschluss). Welche Beträge muss der Drittschuldner an den zweiten Gläubiger ausbezahlen?

Wie ein erhöhter Schuldnerfreibetrag durch das Gericht festgesetzt werden kann, ist es andererseits auch möglich, dass das Vollstreckungsgericht einen Vollstreckungszugriff ohne die Beschränkungen des § 850c ZPO zulässt. § 850f Abs. 2 und 3 ZPO nennt hier zwei Fälle. Vom Vollstreckungsgericht kann zugunsten des Gläubigers ohne Rücksicht auf die Pfändungsfreibeträge ein größerer Teil des Arbeitseinkommens für pfändbar erklärt werden, wenn der Gläubiger die Vollstreckung wegen einer Forderung aus einer vorsätzlich begangenen unerlaubten Handlung betreibt. Dem Schuldner ist vom Vollstreckungsgericht jedoch so viel zu belassen, wie er für seinen notwendigen Unterhalt und zur Erfüllung seiner laufenden gesetzlichen Unterhaltspflichten bedarf. Außerdem kann das Vollstreckungsgericht den pfändbaren Betrag auf Antrag des Gläubigers nach freiem Ermessen bestimmen, wenn das Arbeitseinkommen des Schuldners den Betrag von monatlich 3253,87 € (wöchentlich 739,83 €, täglich 143,07 €) übersteigt. Dem Schuldner ist so viel zu belassen, wie ihm unter Berücksichtigung der gesetzlichen Freibeträge bei einem Nettoarbeitseinkommen von monatlich 3253,87 € (wöchentlich 739,83 €, täglich 143,07 €) nach der Tabelle zustehen würde (s. Pfändungsfreigrenzenbekanntmachung 2024).

Lösung: Im Beispiel erfolgte eine Festsetzung des pfändbaren Betrags nach der ersten Fallvariante. Der erste Gläubiger erhält nach dem Prioritätsprinzip weiterhin bis zur vollständigen Befriedigung monatlich 1370,78 €. Der zweite Pfändungsbeschluss wirkt sich nicht zu seinen Gunsten aus.

Der zweite Gläubiger erhält aufgrund der Festsetzung des pfändbaren Betrags auf 1390,00 € monatlich 19,22 €, bis die erste Pfändung erledigt ist, und dann monatlich 1390,00 €.

15. Änderung der Unpfändbarkeitsvoraussetzungen, § 850 g ZPO

Fall: Seit Jahren führt der Arbeitgeber aufgrund einer bestehenden Lohnpfändung die pfändbaren Beträge an den Pfändungsgläubiger ab. Sein Mitarbeiter unterrichtet ihn nun von der Geburt eines Kindes. Der Arbeitgeber überlegt, ob er bei der Berechnung des pfändbaren Arbeitseinkommens diesen Umstand von sich aus beachten muss oder ob er einen entsprechenden Beschluss des Vollstreckungsgerichts abwarten soll.

Die Zwangsvollstreckung in Arbeitseinkommen erstreckt sich auch auf die nach der Pfändung fällig werdenden Bezüge, § 832 ZPO. Während der gesamten Laufzeit der Pfändung bestimmt sich ihr Umfang nach dem Inhalt des Pfändungsbeschlusses. Andererseits können sich während dieser Zeit zahlreiche Änderungen ergeben. So kann sich das Arbeitseinkommen oder der Familienstand des Schuldners ändern (z. B. Heirat des Schuldners, Erlöschen der Unterhaltspflicht gegenüber dem Ehegatten, Geburt oder Tod eines Kindes ...). Bei einem sog. Blankettbeschluss im Fall des § 850c ZPO wird dem Arbeitgeber die Ermittlung des von der Pfändung erfassten Lohnteils und die Berücksichtigung der unterhaltsberechtigten Angehörigen überlassen. In diesem Fall muss der Drittschuldner eingetretene Änderungen von sich aus berücksichtigen.

Lösung: Liegt im Beispielsfall eine Pfändung für eine gewöhnliche Forderung vor, muss der Drittschuldner die Berechnung des pfändbaren Betrages an den neuen Tatsachen ausrichten. Hat dagegen das Vollstreckungsgericht im Pfändungsbeschluss (vor allem in den Fällen des § 850d ZPO) den unpfändbaren Teil des Arbeitseinkommens oder die für seine Feststellung maßgebenden einzelnen Tatsachen selbst festgelegt, dann bleibt diese Anordnung bis zu einem Änderungsbeschluss durch das Vollstreckungsgericht wirksam. Antragsberechtigt sind der Schuldner und der Gläubiger. Aber auch ein Dritter ist antragsberechtigt, wenn der Schuldner ihm kraft Gesetzes Unterhalt leisten muss und ihm die begehrte Änderung zugutekommen soll.

16. Lohnverschiebung und Lohnverschleierung, § 850h ZPO

Fall: Die Ehefrau des Betriebsinhabers arbeitet gelegentlich im Betrieb mit. Hierfür erhält sie keine Vergütung. Dem Ehemann wird nun ein Pfändungs- und Überweisungsbeschluss für einen Gläubiger seiner Ehefrau zugestellt, wonach das Arbeitseinkommen der Ehefrau auf 900,00 € festgesetzt wird. Wie muss sich der Drittschuldner (der Ehemann) jetzt verhalten?

§ 850h ZPO regelt die Fälle der Lohnverschiebung und Lohnverschleierung. Diese Vorschrift soll verhindern, dass Arbeitgeber und Arbeitnehmer zum Nachteil des Gläubigers Vereinbarungen treffen, die das pfändbare Einkommen des Arbeitnehmers mindern. § 850h Abs. 1 ZPO regelt den Fall, dass der Empfänger der Arbeits- oder Dienstleistung, also der Arbeitgeber, sich verpflichtet hat, die Vergütung für die Leistung des Schuldners ganz oder soweit sie pfändbar ist, an einen Dritten zu bewirken. Bei dem Dritten handelt es sich meist um einen nahen Angehörigen des Schuldners. Die an den Dritten zu zahlende Vergütung gehört nach der Regelung in § 850h Abs. 1 ZPO weiterhin zum Schuldnervermögen. Der Pfändungsbeschluss muss allerdings ausdrücklich den Vergütungsanspruch des Dritten als gepfändet oder mitgepfändet bezeichnen. Der Drittschuldner darf dann nicht mehr an den Dritten leisten und muss den pfändbaren Betrag aus dem gesamten Vergütungsanspruch errechnen.

In der Praxis sind die Fälle des § 850h Abs. 2 ZPO häufiger anzutreffen als die nach Abs. 1. Ist der Arbeitnehmer z. B. bei einem nahen Angehörigen beschäftigt und ist ein nur geringes Entgelt vereinbart, so gilt im Verhältnis des Gläubigers zum Arbeitnehmer ein angemessenes Arbeitseinkommen als geschuldet. Diese angemessene Vergütung gilt dann als das gepfändete Arbeitseinkommen. Der pfändbare Betrag ergibt sich aus der Pfändungstabelle zu § 850c ZPO. Das Vollstreckungsgericht prüft bei der Pfändung nicht, ob die sachlichen Voraussetzungen des § 850h Abs. 2 ZPO tatsächlich vorliegen. Ob und in welcher Höhe ein Anspruch für den Pfändungszugriff im Verhältnis des Gläubigers zum Drittschuldner als Empfänger der Arbeits- oder Dienstleistung tatsächlich anzunehmen ist, muss im Streitfall das Prozessgericht, also in aller Regel das Arbeitsgericht entscheiden. Entweder muss der Gläubiger dort Leistungsklage oder der Drittschuldner Feststellungsklage erheben. In diesem Prozess wird dann geprüft, ob die Voraussetzungen des § 850h Abs. 2 ZPO tatsächlich vorliegen, wofür der Gläubiger die Beweislast trägt. Bei dieser Prüfung werden alle Umstände des Einzelfalles herangezogen, insbesondere Art und Umfang der Arbeitsleistung, verwandtschaftliche Beziehung und Leistungsfähigkeit des Drittschuldners. Eine Absicht der Gläubigerbenachteiligung ist nicht erforderlich.

Lösung: Sollte die Mithilfe im Betrieb im Beispielsfall aufgrund der verwandtschaftlichen Verbundenheit erfolgen und die Ertragslage insgesamt eine angemessene Vergütung verbieten, ist dem Drittschuldner zur Vermeidung des Risikos eines Prozesses anzuraten, sich mit dem Gläubiger in Verbindung zu setzen und eine für beide Seiten akzeptable Einigung zu erzielen.

17. Unpfändbarkeit bei sonstigen Vergütungen, § 850i ZPO

Fall: Arbeitgeber und Arbeitnehmer haben einvernehmlich die Auflösung des Arbeitsverhältnisses vereinbart. Der Arbeitnehmer soll auch noch eine Abfindung in nicht unbeträchtlicher Höhe erhalten. Kurz vor Beendigung des Arbeitsverhältnisses und vor Auszahlung der Abfindung geht beim Arbeitgeber noch eine Lohnpfändung ein. Erfasst diese in vollem Umfang die Abfindung?

Neben dem normalen Arbeitseinkommen gibt es zahlreiche einmalige Leistungen. Hierzu zählt die im Beamtenrecht zu leistende Abfindung, Abfindungen nach §§ 9,10 KSchG und §§ 112, 113 BetrVG, Sozialplanabfindungen, der Ausgleichsanspruch des Handelsvertreters nach § 89b HGB, Karenzentschädigungen und die anlässlich des Ausscheidens einvernehmlich festgelegte Abfindung. Zu den einmaligen Vergütungen, die hier hinzuzurechnen sind, zählen ebenfalls Prämien für Verbesserungsvorschläge und Prämien für Unfallverhütung. Solche einmaligen Leistungen aus dem Arbeitsverhältnis sind Arbeitseinkommen und daher mitgepfändet, wenn der Pfändungsbeschluss alle Bezüge aus Arbeitseinkommen als gepfändet bezeichnet, was regelmäßig der Fall ist. Der Drittschuldner muss daher die einmalige Leistung bei der Berechnung des pfändbaren Teils des Arbeitseinkommens voll berücksichtigen. § 850i Abs. 1 Satz 1 ZPO gewährt für alle einmaligen Bezüge allerdings auf Antrag Pfändungsschutz. Antragsberechtigt ist der Schuldner oder eine ihm gegenüber unterhaltsberechtigte Person. Das Gericht hat dem Schuldner den notwendigen Unterhalt für sich, seinen Ehegatten, einen früheren Ehegatten, seine Verwandten (Eltern, Kinder) und für die Mutter eines nicht ehelichen Kindes für einen angemessenen Zeitraum zu belassen. Die Höhe des pfändbaren Betrages wird vom Gericht unter Berücksichtigung der Belange des Gläubigers und der wirtschaftlichen Verhältnisse des Schuldners nach freiem Ermessen festgelegt. Wird Pfändungsschutz nicht gewährt, ist die einmalige Zahlung daher voll zum Arbeitseinkommen zu zählen.

Lösung: Im Beispielsfall unterliegt die Abfindung im Rahmen der Pfändungstabelle voll der Pfändung.

18. Lohnpfändung und Insolvenzeröffnung beim Arbeitnehmer

Fall: Der Mitarbeiter teilt seinem Arbeitgeber mit, dass über sein Vermögen das Verbraucherinsolvenzverfahren eröffnet worden sei. Der Arbeitgeber dürfe daher die zahlreich bestehenden Lohnpfändungen und -abtretungen nicht mehr beachten. Gleiches gelte für die vorliegende Unterhaltspfändung. Wie muss sich der Arbeitgeber verhalten?

Bereits unter der Geltung der Konkursordnung gab es Insolvenzverfahren über das Vermögen natürlicher Personen. Diese bildeten aber eher die Ausnahme, da es keine Möglichkeit der Restschuldbefreiung gab. Die Insolvenzordnung eröffnet dagegen die Möglichkeit, auf Antrag eine Restschuldbefreiung zu erreichen.

Ziel der Gesamtvollstreckung in der Insolvenz ist eine gleichmäßige Befriedigung aller Gläubiger. Der Gesetzgeber musste daher Regeln aufstellen, die in der Insolvenz einen gerechten Ausgleich zwischen den Einzelinteressen vollstreckender Gläubiger und der Gesamtheit aller Gläubiger schaffen. Zunächst kann das Gericht bereits im Eröffnungsverfahren alle Sicherungsmaßnahmen treffen, die erforderlich erscheinen, um bis zur Entscheidung über den Insolvenzantrag eine den Gläubigern nachteilige Vermögenslage des Schuldners zu verhindern, §§ 21 ff. InsO. Das Gericht kann insbesondere einen vorläufigen Insolvenzverwalter bestellen, ein allgemeines Verfügungsverbot erlassen, ein Vollstreckungsverbot erlassen und eine vorläufige Postsperre anordnen. Ein beispielsweise nach dem Vollstreckungsverbot erlassener Pfändungs- und Überweisungsbeschluss müsste nachträglich aufgehoben werden. Die Bekanntmachung etwaiger Verfügungsbeschränkungen erfolgt öffentlich über das Internet (www.Insolvenzbekanntmachungen.de) und gesondert durch Zustellung unter anderem an die Personen, die Verpflichtungen gegenüber dem Schuldner haben, also auch an den Arbeitgeber. Etwaige Leistungen dürfen dann nur noch unter Beachtung des Beschlusses erfolgen, § 23 InsO.

Die Eröffnung des Insolvenzverfahrens bewirkt die Beschlagnahme des Vermögens des Insolvenzschuldners. Die Insolvenzmasse, d.h. das der Zwangsvollstreckung unterliegende Vermögen des Schuldners, wird von dessen nicht der Vollstreckung unterliegendem Vermögen getrennt. Nicht zur Insolvenzmasse gehören daher unpfändbare Forderungen, also insbesondere das unpfändbare Arbeitseinkommen. Der Arbeitgeber muss daher das nach §§ 850 ff. ZPO unpfändbare Arbeitseinkommen weiterhin an den Arbeitnehmer ausbezahlen, wie es auch im Fall einer Pfändung wäre. Das pfändbare Arbeitseinkommen erhält der Insolvenzverwalter. § 35 InsO legt als Insolvenzmasse das gesamte (der Vollstreckung unterliegende) Vermögen fest, das dem Schuldner zur Zeit der Eröffnung des Verfahrens gehört und das er während des Verfahrens erlangt. Somit fällt auch das während des Insolvenzverfahrens weiter fällig werdende pfändbare Arbeitseinkommen in die Insolvenzmasse. Die Insolvenzmasse selbst dient zur Befriedigung der persönlichen Gläubiger, die einen zur Zeit der Eröffnung des Insolvenzverfahrens begründeten Vermögensanspruch gegen den Schuldner haben, § 38 InsO. Gläubiger, deren Ansprüche erst nach Eröffnung des Verfahrens in diesem Sinne entstehen, sog. Neugläubiger, nehmen grundsätzlich am Insolvenzverfahren nicht teil. Das während der Dauer des Insolvenzverfahrens erzielte pfändbare Arbeitseinkommen ist daher dem Vollstreckungszugriff der einzelnen Insolvenz- und der Neugläubiger entzogen und muss vom Arbeitgeber an den vom Gericht bestellten Insolvenzverwalter bzw. Treuhänder abgeführt werden. Für Neugläubiger besteht außerdem für Zwangsvollstreckungen während der Dauer des Insolvenzverfahrens ein besonderes Vollstreckungsverbot, § 89 Abs. 2 Satz 1 InsO. Durch eine gleichwohl erfolgte Pfändung entsteht kein Pfändungspfandrecht.[39] Durch dieses Verbot wird verhindert, dass erst nach dem Ende des Insolvenzverfahrens fällig werdende Bezüge bereits während des laufenden Verfahrens gepfändet werden.

Den Neugläubigern ist allerdings eine Zwangsvollstreckung wegen eines Unterhaltsanspruchs oder einer Forderung aus einer vorsätzlichen unerlaubten Handlung in den Teil der Bezüge gestattet, der für andere Gläubiger nicht pfändbar ist, § 89 Abs. 2 Satz 2 InsO. Das ist nur die logische Konsequenz aus dem Umstand, dass nur das für alle Gläubiger pfändbare Arbeitseinkommen in die Insolvenzmasse fällt. Eine hiernach mögliche Pfändung ist damit auf den für diese privilegierten Gläubiger erweiterten Bereich begrenzt. Eine nach Eröffnung des Insolvenzverfahrens erfolgte Unterhaltspfändung für Unterhaltsforderungen, die den Zeitraum nach Eröffnung des Insolvenzverfahrens betreffen, ist durch den Arbeitgeber in dem Umfang zu beachten, als die Pfändung die Beträge des Arbeitseinkommens bis zum allgemeinen, für alle Gläubiger pfändbaren Betrag betrifft, d. h., die Unterhaltspfändung ist für den Arbeitgeber so zu behandeln wie eine Unterhaltspfändung, die nach einer Pfändung eines normalen Gläubigers erfolgt ist (vergleiche hierzu die obigen Ausführungen). Dieser Grundsatz gilt, auch nach Streichung des § 114 Abs. 3 InsO im Jahr 2014, ebenso für solche privilegierte Pfändungen, die bereits vor Eröffnung des Insolvenzverfahrens bestanden. § 114 Abs. 3 InsO enthielt insoweit nur eine Klarstellung, sodass der Wegfall dieser Vorschrift die Rechtslage nicht geändert hat. Aus dieser

39 Braun, § 89, Rn. 14.

Verweisung ergab sich, dass der privilegierte Bereich des Arbeitseinkommens auch für Insolvenzgläubiger gilt. An der Rechtslage hat sich durch die Streichung des § 114 Abs. 3 InsO nichts geändert. Liegt also bereits bei Eröffnung des Insolvenzverfahrens eine Pfändung eines Unterhaltsgläubigers vor, dann ist diese Pfändung vom Arbeitgeber insoweit weiter zu beachten, als sie den Bereich betrifft, der für die übrigen Gläubiger unpfändbar ist. Soweit jedoch eine Unterhaltspfändung gleichzeitig Unterhaltsrückstände enthält, dürfen diese nach Eröffnung des Insolvenzverfahrens vom Arbeitgeber nicht mehr bedient werden. Rückständigen Unterhalt muss der Insolvenzgläubiger im Insolvenzverfahren anmelden. Eine vor Insolvenzeröffnung erfolgte Unterhaltspfändung ist vom Arbeitgeber während des Insolvenzverfahrens nur hinsichtlich der ab Eröffnung entstehenden Unterhaltsforderungen zu berücksichtigen. Der Arbeitnehmer muss den pfändbaren Teil seines Arbeitseinkommens an den Insolvenzverwalter abtreten, um in den Genuss einer Restschuldbefreiung zu kommen. Die Restschuldbefreiung selbst bewirkt, dass Insolvenzgläubiger ihre Forderungen nicht mehr zwangsweise durchsetzen können. Die Laufzeit der Wohlverhaltensphase beträgt drei Jahre. Ist die Laufzeit der Abtretungserklärung ohne eine vorzeitige Beendigung verstrichen und vom Treuhänder oder von den Gläubigern kein zulässiger und begründeter Antrag auf Versagung der Restschuldbefreiung gestellt, erteilt das Gericht dem Schuldner die Restschuldbefreiung, § 300 InsO. Ausgenommen sind die in § 302 InsO genannten Forderungen, insbesondere Forderungen aus einer vorsätzlich begangenen unerlaubten Handlung und vorsätzlich nicht gewährter Unterhalt. Die Restschuldbefreiung gilt nicht gegenüber den Neugläubigern. Diese wurden bei der Verwertung der Insolvenzmasse allerdings auch nicht berücksichtigt.

Lösung: Der Arbeitgeber darf keinesfalls die bisher der Pfändung unterworfenen Lohnbestandteile an den Arbeitnehmer ausbezahlen. Wurde tatsächlich das Insolvenzverfahren eröffnet, soll das pfändbare Arbeitseinkommen zur gleichmäßigen Befriedigung aller Gläubiger dienen. Der Arbeitgeber hat das pfändbare Arbeitseinkommen zunächst einmal einzubehalten, bis ihm ein entsprechender Beschluss des Gerichts oder eine Nachricht des Insolvenzverwalters vorliegt. Die einbehaltenen Beträge sind dann an den Insolvenzverwalter bzw. Treuhänder abzuführen. Bestehende Lohnpfändungen und -abtretungen sind vom Arbeitgeber daher nicht mehr zu berücksichtigen, mit Ausnahme von Lohnpfändungen, die Teile des Arbeitseinkommens betreffen, die nicht für alle Gläubiger pfändbar sind. Privilegierte Unterhaltsgläubiger sind von der Eröffnung des Insolvenzverfahrens insoweit nicht betroffen, als sie Bezüge erhalten, die für andere Gläubiger nicht pfändbar sind. Die hier vorliegende Unterhaltspfändung hat der Arbeitgeber daher in diesem eingeschränkten Umfang weiterhin zu beachten, soweit diese Pfändung laufenden Unterhalt nach Eröffnung nach des Insolvenzverfahrens betrifft. Die übrigen Lohnpfändungen werden dagegen nicht mehr bedient. Hier muss der Arbeitgeber beachten, dass nach dem Bundesgerichtshof[40] das Pfändungspfandrecht von bereits bei Eröffnung des Insolvenzverfahrens vorliegender Lohnpfändungen nach Eröffnung des Insolvenzverfahrens nur so weit und so lange unwirksam ist, als die Zwecke des Insolvenzverfahrens und der möglichen Restschuldbefreiung dies rechtfertigen. In seltenen Fällen kann es vorkommen, dass der Arbeitnehmer keine Restschuldbefreiung erhält bzw. diese vom Insolvenzgericht versagt wird. Soweit im Einzelfall die Restschuldbefreiung versagt wird, leben die Pfändungen, die bei Eröffnung des Verfahrens bestanden, wieder auf und müssen vom Arbeitgeber in der Reihenfolge der Zustellungen beachtet werden. Das gilt auch für Forderungen, für die es keine Restschuldbefreiung gibt, insbesondere Unterhaltsforderungen und Forderungen aus einer vorsätzlich begangenen unerlaubten Handlung, wenn diese Forderungen entsprechend im Insolvenzverfahren berücksichtigt wurden. Auch für diese Forderungen sind die bereits vor Eröffnung bestehenden Pfändungen nach Aufhebung des Verfahrens weiter zu berücksichtigen.

40 BGH, Beschl. v. 24.03.2011 – IX ZB 217/08.

19. Hinterlegung

Fall: Dem Drittschuldner liegt eine Lohnabtretung vor, für die er nach Berechnung mit der Pfändungstabelle jeden Monat Beträge an den Gläubiger abführt. Ihm wird nun ein Pfändungs- und Überweisungsbeschluss zugestellt. Wahrheitsgemäß gibt er in seiner Drittschuldnererklärung an, dass er aufgrund der Abtretung keine Zahlungen leisten könne. Daraufhin schreibt ihm dieser Gläubiger zurück, er halte die Abtretung für unwirksam, da nach seinen Erkenntnissen diese nur erfolgt sei, um Lohnpfändungen wirksam zu verhindern. Aufgrund dieses Umstandes dürften Zahlungen nur noch an ihn erfolgen.

Liegen beim Drittschuldner mehrere Lohnpfändungen vor, ist es für diesen nicht immer ganz einfach, festzustellen, in welcher Reihenfolge die Pfändungs- und Überweisungsbeschlüsse zu befriedigen sind. Der Drittschuldner hat das Risiko, dass er an einen nicht berechtigten Gläubiger zahlt und dann gegenüber dem berechtigten Gläubiger nochmals zahlen muss. Der Drittschuldner kann in diesem Fall den strittigen Geldbetrag beim Amtsgericht hinterlegen. Nach § 853 ZPO ist er hierzu berechtigt und auf Verlangen eines Gläubigers, dem die Forderung zum Einzug überwiesen wurde (gemeint ist nicht die tatsächliche Zahlung durch Überweisung, sondern das Recht, die Forderung in eigenem Namen gegenüber dem Arbeitgeber geltend zu machen!), verpflichtet, unter Anzeige der Sachlage und unter Aushändigung der ihm zugestellten Beschlüsse an das Amtsgericht, dessen Beschluss ihm zuerst zugegangen ist, den Schuldbetrag zu hinterlegen. Die Hinterlegung gilt als Erfüllung. Der Drittschuldner wird dadurch von seiner Zahlungspflicht frei. Er muss beim Amtsgericht/Hinterlegungsstelle den Antrag auf Annahme von Geldhinterlegungen stellen, siehe Muster. Im Antrag ist der Hinterlegungsgrund anzugeben und sämtliche Gläubiger, für die der gepfändete Geldbetrag hinterlegt wird. Das Amtsgericht erlässt daraufhin die Annahmeanordnung, mit der der Drittschuldner dann den fraglichen Betrag bei der Gerichtskasse als Hinterlegungsstelle einzahlen kann.

Eine Auszahlung an einen Gläubiger durch die Gerichtskasse erfolgt nur dann, wenn die übrigen Gläubiger die Freigabe erklären. Diese Erklärung muss u. U. zwischen den Gläubigern untereinander vor Gericht erstritten werden. In diesem Prozess wird dann geklärt, wer von den verschiedenen Gläubigern das bessere Pfandrecht hat. Der Drittschuldner ist durch die Hinterlegung jedoch bereits von seiner Zahlungspflicht frei geworden. Dementsprechend ist er an diesem Verfahren auch nicht mehr weiter beteiligt. Der Drittschuldner sollte in der Praxis von dieser für ihn recht praktikablen und sicheren Verfahrensweise weitaus öfters Gebrauch machen. Er vermeidet hierdurch etwaige Schadensersatz- und Regressansprüche und kommt dem letztendlich wirklich berechtigten Gläubiger gegenüber auch nicht in Zahlungsverzug.

Die Hinterlegung nach § 853 ZPO ist allerdings nur bei mehrfacher Pfändung möglich. Beim Zusammentreffen einer Pfändung mit einer Vorpfändung oder mit einer Abtretung ist eine Hinterlegung nach § 853 ZPO nicht möglich. Diese ist auch nicht möglich bei bloßen Unklarheiten über die Höhe des pfändbaren Betrages. Der Drittschuldner kann in diesem Fall jedoch nach § 372 BGB den infrage stehenden Geldbetrag beim Amtsgericht unter Verzicht auf die Rücknahme hinterlegen. Der Drittschuldner hat den Pfändungsgläubiger und den Abtretungsempfänger hiervon unverzüglich zu unterrichten, § 374 BGB. Auch hier ist es dann wieder Sache der Gläubiger, sich freiwillig untereinander zu einigen, oder eine Einigung, wem der hinterlegte Geldbetrag zusteht, gerichtlich herbeizuführen. Der Drittschuldner selbst ist jedenfalls wieder von seiner Zahlungsverpflichtung frei geworden und hat mit dem weiteren Schicksal des Geldbetrages nichts mehr zu tun.

Lösung: Im Beispielsfall sollte der Drittschuldner sich auf die Frage der Zulässigkeit der Abtretung nicht einlassen. Er geht hier nur das Risiko ein, die oft schwer zu entscheidende Frage der Wirksamkeit und Gültigkeit einer Abtretung klären zu müssen und dann u. U. doch zweimal in Anspruch genommen zu werden. Der Drittschuldner wird hier den strittigen Geldbetrag (also den der Pfändung unterliegende Betrag), und zwar jeden Monat nach § 372 BGB unter Verzicht auf die Rücknahme beim Amtsgericht hinterlegen.

Geschäfts-Nr. der Hinterlegungsstelle
HL

Amtsgericht

Antrag auf Annahme von Geldhinterlegungen

1.	a) **Hinterleger**	Name, Vorname, Beruf, Straße, Hausnummer, PLZ, Ort a)
	b) **Vertreter des Hinterlegers** (Wenn dieser den Antrag stellt)	a)
2.	**Hinterlegter Betrag**	EUR / in Buchstaben EUR
3.	**Hinterlegungsgrund** a) Angaben zur Rechtfertigung der Hinterlegung Wenn die Sache, in der hinterlegt wird, bei einem Gericht (Behörde) anhängig ist, Bezeichnung dieser Sache, des Gerichts (Behörde) und der Geschäftsnummer b) Bezeichnung der dem Antrag beigefügten Schriftstücke	
4.	**Empfangsberechtigte** die für den hinterlegten Betrag in Betracht kommen	Name, Vorname, Beruf, Straße, Hausnummer, PLZ, Ort (wenn bekannt, Bank- oder Postgirokonto angeben)
5.	**Bei Hinterlegung zur Befreiung des Schuldners von seiner Verbindlichkeit** a) Warum kann der Schuldner seine Verbindlichkeit nicht oder nicht mit Sicherheit erfüllen? b) Gegenleistung, von der das Recht des Gläubigers (Nr. 4) zum Empfang des hinterlegten Betrages abhängig gemacht wird c) Wird auf das Recht der Rücknahme verzichtet?	☐ ja ☐ nein

☐ keine Anlage

Ort Datum Unterschrift

Seite 1 von 2

Annahmeanordnung

1. Der auf Seite 1 unter Nr. 2 genannte Betrag ist anzunehmen

☐ als neue Masse ☐ zu der vorhandenen Masse unter VW ______

Der Antragsteller ☐ wurde aufgefordert, den Betrag einzuzahlen. ☐ hat den Betrag bereits einbezahlt. Dort verbucht unter ______

bis ______

Wird in dieser Frist nicht gezahlt, ist die Annahmeanordnung an die Hinterlegungsstelle zurückzugeben.

2. Nachricht an ☐ **Antragsteller** ☐ **Vertreter**

3. An die Landesoberkasse ______
– über die Gerichtszahlstelle hier –

______ Ort ______ Datum ______ Abt., Rechtspfleger

Hinterlegungsbescheinigung

Bei Annahme durch:	☐ Heute / Am ______ wurde der auf Seite 1 unter Nr. 2 genannte Betrag eingezahlt.
Gerichts-zahlstelle	Gebucht: EL-Nr. ______ Gerichtszahlstelle ______ für die Landesoberkasse Baden-Württemberg ______ ______ Ort ______ Datum (Dienststempel) ______ Zahlstellenverwalter
Landes-oberkasse	Gebucht: ______ Datum: ______ VW: ______ ☐ der unter Nr. 2 genannte Betrag ☐ abw. Betrag: ______ EUR ______ Ort ______ Datum ______ Kassenleiter-Kassier ______ Buchhalter

Seite 2 von 2

20. Verzicht des Pfändungsgläubigers

Fall: Dem Drittschuldner liegt eine Lohnpfändung wegen einer Forderung über 1050,00 € vor. Er errechnet einen pfändbaren Betrag von monatlich 38,41 €, sodass ohne Berücksichtigung irgendwelcher Kosten und Zinsen dieser Betrag rund 30 Monate an den Gläubiger abzuführen wäre. Dem Drittschuldner wird eine weitere Pfändung zugestellt. In seiner Drittschuldnererklärung erläutert er wahrheitsgemäß den Sachverhalt hinsichtlich der ersten Pfändung. Nach Tilgung von 380,41 € (als nach 10 Monaten) wird dem Drittschuldner ein Schreiben des ersten Gläubigers zugestellt, wonach er auf den monatlichen Abzug eines Teilbetrags von 10,00€ verzichte und künftig nur noch um Überweisung von 28,41 € bittet. Nach weiteren 20 Monaten bittet der zweite Gläubiger nun um Überweisung der für ihn gepfändeten Beträge. Wie muss sich der Arbeitgeber verhalten?

Der Gläubiger kann auf die durch Pfändung und Überweisung erworbenen Rechte ganz oder teilweise verzichten, § 843 ZPO. Dieser Verzicht führt nicht zum Erlöschen der zugrunde liegenden Vollstreckungsforderung. Häufig werden nach Zustellung der Pfändung zwischen Gläubiger und Schuldner Vereinbarungen getroffen, die auch Auswirkungen auf die Pfändung haben. Der Schuldner, der vielleicht bis zur Pfändung nie die Verständigung mit dem Gläubiger gesucht hat, sieht sich nun massiv in seinem finanziellen Spielraum beeinträchtigt. Der Gläubiger dagegen ist froh, nunmehr überhaupt gewisse Geldbeträge zu erhalten, fürchtet aber vielleicht, dass der Schuldner beim vollen Ausschöpfen der Pfändung nicht mehr seiner regelmäßigen Arbeit nachgehen wird. So werden oftmals nach einer Pfändung Ratenzahlungsvereinbarungen und Stundungen zwischen dem Gläubiger und dem Schuldner getroffen, die sich naturgemäß auf die Höhe des durch den Drittschuldner abzuführenden Betrages auswirken. Zu beachten ist jedoch, dass eine so gewährte Zahlungserleichterung gegenüber einem nachfolgend pfändenden Gläubiger nur dann wirkt, wenn er ihr zugestimmt hat. Ansonsten greift das Pfändungspfandrecht dann, wenn die erste Pfändung bei Ausschöpfung der Höchstgrenze des pfändbaren Betrages erledigt gewesen wäre. Alles andere wäre ein unzulässiger Vertrag zu Lasten Dritter.

Lösung: Im Beispielsfall standen bei der Gewährung von einer Ratenzahlung über 28,41 € noch 669,59 € für den ersten Gläubiger offen. Die Pfändung wäre ursprünglich nach 30 Monaten erledigt gewesen. Nach Ablauf von 10 Monaten wird die weitere Laufzeit von 20 Monaten auf 28 Monate verlängert. Der zweite Gläubiger kann daher 30 Monate nach der ersten Pfändung die pfändbaren Beträge voll für sich beanspruchen. Der erstpfändende Gläubiger wird erst nach vollständiger Befriedigung des zweiten Gläubigers wieder berücksichtigt.

21. Fürsorgepflichten

Fall: Nach erfolgter Pfändung bittet der betroffene Mitarbeiter den Arbeitgeber, für ihn gegen die Pfändung vorzugehen. Er selbst habe bereits vor längerer Zeit die Forderung des Gläubigers beglichen, kenne sich mit gerichtlichen Verfahren aber nicht aus. Der Arbeitgeber ist von der Richtigkeit der Aussage seines Mitarbeiters überzeugt, hat aber andererseits den Pfändungs- und Überweisungsbeschluss vorliegen, den er eigentlich beachten muss.

Gegen eine Pfändung stehen unterschiedliche Rechtsmittel zur Verfügung. Nach § 766 ZPO kann gegen die Art und Weise der Zwangsvollstreckung vom Gläubiger, Schuldner und Drittschuldner Erinnerung eingelegt werden. Ein weiteres Rechtsmittel steht mit der Vollstreckungsgegenklage zur Verfügung, § 767 ZPO. Die Vollstreckungsgegenklage richtet sich nicht gegen das Verhalten der Vollstreckungsorgane wie bei der Erinnerung nach § 766 ZPO, sondern gegen den im Titel festgesetzten Anspruch selbst. Die Klage ist gegen den Gläubiger zu richten und grundsätzlich nur dann zulässig, wenn sie auf Gründen beruht, die nach Erlass des Titels entstanden sind. Ein weiteres Rechtsmittel ist die sog. Drittwiderspruchsklage, § 771 ZPO. Diese Klage kann ein Dritter gegen den Gläubiger erheben, wenn ihm an dem Gegenstand der Zwangsvollstreckung ein die Veräußerung hinderndes Recht zusteht. Im Allgemeinen kann der Drittschuldner Rechte im Wege der Erinnerung nur dann geltend machen, wenn er selbst in rechtswidriger Weise durch die Pfändung betroffen ist. Das Vollstreckungsorgan müsste hierzu im Rahmen des Vollstreckungsverfahrens fehlerhaft gehandelt haben und eigene Rechte des Drittschuldners verletzt haben. Solche Fälle sind kaum denkbar. Häufiger kann es jedoch vorkommen, dass eine Pfändung erfolgt, obwohl Umstände eingetreten sind, die eine Vollstreckung aus dem zugrunde liegenden Titel verbieten. Hauptsächlich wird dies durch eine zwischenzeitlich erfolgte Zahlung der Fall sein. Der Schuldner kann gegen eine trotzdem erfolgte Vollstreckungsmaßnahme vorgehen.

Aus der allgemeinen Fürsorgepflicht des Arbeitgebers gegenüber seinem Arbeitnehmer kann allerdings nicht eine Verpflichtung hergeleitet werden, dass dieser in diesen Fällen ein Rechtsmittel einlegt. Regelmäßig müsste ihm hierfür auch das Rechtsschutzbedürfnis abgesprochen werden und eine Klage als unzulässig abgewiesen werden. Andererseits wird man einen Arbeitgeber für verpflichtet halten müssen, seinen unkundigen Mitarbeiter über dessen Rechte und sein Verhalten gegenüber dem Lohnpfändungsbeschluss zu beraten, ohne allerdings eine konkrete Rechtsberatung durchzuführen. Der Arbeitgeber darf den Mitarbeiter daher nicht ohne Weiteres an einen Rechtsanwalt verweisen, wodurch dem Mitarbeiter dann weitere Kosten entstehen, wenn es um eine Frage geht, die der Arbeitgeber dem Mitarbeiter selbst beantworten kann. Hilfreich ist auch der Hinweis an den Mitarbeiter, sich an die Rechtsantragstelle beim Amtsgericht zu wenden. Dort kann er sein Anliegen kostenfrei vortragen. Ihm wird dann durch die Stellung des geeigneten Antrags weitergeholfen.

Lösung: Vom Arbeitgeber ist hier daher nur zu verlangen, dass er seinem Mitarbeiter den Rat gibt, sich entweder mit dem Gläubiger in Verbindung zu setzen und die Angelegenheit aufzuklären oder ggf. Vollstreckungsgegenklage zu erheben, oder sich an die Reschtantragsstelle beim Amtsgericht zu wenden.

22. Kündigung

Fall: Der Arbeitgeber hat aufgrund der zahlreich gegen seinen Mitarbeiter vorliegenden Lohnpfändungen die Befürchtung, dass dieser aufgrund mangelnder Leistungsanreize den an ihn gestellten Anforderungen nicht mehr gerecht wird. Außerdem findet er das Verhalten des Mitarbeiters für untragbar, da er sich fortwährend in neue Lohnpfändungen verstrickt. Der Arbeitgeber erwägt die Kündigung.

Lohnpfändungen oder -abtretungen rechtfertigen allein noch keine Kündigung. Sozial gerechtfertigt kann sie aber dann sein, wenn im Einzelfall zahlreiche Lohnpfändungen oder -abtretungen einen derartigen Arbeitsaufwand beim Arbeitgeber verursachen, dass dieser zu wesentlichen Störungen im Arbeitsablauf oder in der betrieblichen Organisation führt. Mit der Bearbeitung von Lohnpfändungen erfüllt der Arbeitgeber zwar die Pflichten, die ihm der Gesetzgeber im Interesse des Gläubigerschutzes auferlegt, andererseits sind mit der Bearbeitung aufgrund der damit verbundenen kosten- und arbeitsmäßigen Belastung auch seine betrieblichen Interessen tangiert. Unter Beachtung des Kündigungsschutzrechts kann es daher im Einzelfall möglich sein, eine ordentliche Kündigung auszusprechen, wenn es zu wesentlichen Störungen im Arbeitsablauf oder in der betrieblichen Organisation kommt. Bei einer hier vorzunehmenden Interessenabwägung ist aufseiten des Arbeitgebers Größe und Struktur des Betriebes, Art und Ausmaß des Arbeitsaufwandes und auf der Arbeitnehmerseite die Anzahl der Lohnpfändungen im Verhältnis zur Betriebszugehörigkeit, zum Lebensalter, zu Unterhaltspflichten usw. zu berücksichtigen. Auch eine besondere Vertrauensstellung des Arbeitnehmers im Betrieb ist zu berücksichtigen und kann einen personenbedingten Kündigungsgrund ergeben, wenn in relativ kurzer Zeit zahlreiche Lohnpfändungen erfolgen und sich aus der Art und der Höhe der Schulden ergibt, dass der Arbeitnehmer voraussichtlich noch längere Zeit in ungeordneten wirtschaftlichen Verhältnissen leben wird (z. B. Kassierer in einer Firma, leitender Bankangestellter).[41]

Lösung: Eine Kündigung ist nur in diesen engen Grenzen zulässig.

41 Hintzen, Lohnpfändung 2024, Rn. 122, Boewer, Rn. 176 f.

23. Lohnpfändung und Pfändungsschutzkonto

Fall: Nach einer bereits erfolgten Lohnpfändung spricht der Arbeitnehmer bei seinem Arbeitgeber vor und bittet ihn um Rat. Der pfändende Gläubiger hat nun außerdem sein Konto gepfändet, auf welches die unpfändbaren Beträge seines Arbeitseinkommens überwiesen werden. Was kann dem Arbeitnehmer empfohlen werden?

Ein Konto bei einem Kreditinstitut unterliegt keinem Pfändungsschutz. Gleichgültig, welchen Charakter die Geldforderungen haben, die auf ein Konto überwiesen werden, wandeln diese sich schlichtweg durch die Gutschrift in ein Kontoguthaben um und verlieren damit ihren ursprünglichen Charakter. Unpfändbare Sozialleistungen sowie unpfändbares Arbeitseinkommen wandeln sich damit um in ein – pfändbares – Kontoguthaben. Sofern der Inhaber des Kontos einen Pfändungsschutz haben will, muss er bei seinem Kreditinstitut ein sog. Pfändungsschutzkonto beantragen. In diesem Fall wird sein Konto entsprechend umgewandelt. Durch diese Umwandlung genießt der Kontoinhaber einen Pfändungsschutz in Höhe des Pfändungsfreibetrags nach § 850c ZPO. Allerdings genießt das Konto den Schutz nur über 1500,00 €, was dem Basispfändungsschutz beim Arbeitseinkommen entspricht. Nach der auch für das Pfändungsschutzkonto geltenden Pfändungsfreigrenzenbekanntmachung 2024 muss das Kreditinstitut genau von diesem Betrag ausgehen. Die Pfändungstabelle für den Arbeitgeber nimmt stattdessen aufgrund § 850c Abs. 3 ZPO immer eine Abrundung auf volle 10,00 € vor, sodass hier ein Nettolohn bis 1499,99 € unpfändbar ist. (Bei einer Abrundung von 1499,99 € auf die nächsten vollen 10,00 € fällt das Nettoeinkommen unter den unpfändbaren Betrag von 1491,75 €.) Beim Arbeitseinkommen erhöht sich der dem Arbeitnehmer verbleibende Teil des Arbeitseinkommens bei höherem Nettoeinkommen. Beim Pfändungsschutzkonto kann der Kontoinhaber insoweit durch die Einrichtung beim Kreditinstitut keine Erhöhung des Pfändungsschutzes erreichen. Hier verbleibt es bei dem Basispfändungsschutz. Bereits vor diesem Hintergrund ist es für einen Gläubiger attraktiv, statt der Pfändung beim Arbeitgeber, oder zusätzlich zur Pfändung beim Arbeitgeber, auch das Gehaltskonto seines Schuldners zu pfänden. Hierdurch ist es möglich, weitere Beträge, die beim Arbeitgeber unpfändbar sind, zu erhalten. Der Pfändungsschutz beim Arbeitseinkommen errechnet sich nicht nur auf der Grundlage des maßgeblichen Nettoeinkommens. Für unterhaltsberechtigte Personen ergeben sich weitere unpfändbare Beträge. Diesen Schutz genießt auch der Inhaber eines Pfändungsschutzkontos. Allerdings erhält der Kontoinhaber diesen Schutz nicht „automatisch“ aufgrund seines Antrags auf Einrichtung eines Pfändungsschutzkontos. Vielmehr muss er dem Kreditinstitut insoweit eine sog.

Bescheinigung vorlegen über die Anzahl der unterhaltsberechtigten Personen, die entweder von seinem Arbeitgeber, ansonsten von einem Sozialleistungsträger, einer Familienkasse oder einer Insolvenzberatungsstelle ausgestellt wurde. Ein Anspruch auf Ausstellung dieser Bescheinigung durch den Arbeitgeber besteht nicht. Aus dieser Bescheinigung, wofür die Kreditinstitute Musterformulare anbieten, muss sich ergeben, wie vielen Personen der Kontoinhaber tatsächlich Unterhalt leistet. Entsprechend diesen Informationen muss dann das Kreditinstitut für die erste unterhaltsberechtigte Person nach der Pfändungsfreigrenzenbekanntmachung 2024 von einem unpfändbaren Betrag von 561,43 € monatlich und für die weiteren zwei bis fünf Personen von jeweils 312,78 € ausgehen. Bei zwei unterhaltsberechtigten Personen genießt dann der Kontoinhaber hinsichtlich des Pfändungsschutzkontos über einen pfandfreien Betrag von monatlich 2374,21 €. Sollte der Arbeitgeber vom Arbeitnehmer um eine entsprechende Bescheinigung gebeten werden, ergibt sich für diesen hierdurch allerdings das Problem, dass er bei einem nicht ihn selbst betreffenden Vollstreckungsverfahren (Pfändung eines Kontos bei einem Kreditinstitut) eine verbindliche Erklärung zur Anzahl der unterhaltsberechtigten Personen abgeben soll, denen auch tatsächlich Unterhalt geleistet wird. Bei einer Pfändung, die ihn selbst betrifft (Lohnpfändung), kann er nach der hier vertretenen Auffassung den ihm gegenüber gemachten Angaben seines Mitarbeiters grundsätzlich vertrauen. Denkbar und nicht ausgeschlossen ist daher ein mögliches Haftungsrisiko, wenn er hier seinem Mitarbeiter eine entsprechende Bescheinigung ausstellt, die sich nachträglich oder aufgrund Zeitablaufs (es wird einige Monate später tatsächlich kein Unterhalt mehr geleistet) als unrichtig herausstellt. Diesen Umstand hat, zumindest ansatzweise, der Gesetzgeber ebenfalls gesehen und dem Arbeitgeber daher keinerlei Pflicht auferlegt, überhaupt eine solche Bescheinigung auszustellen. Hinzu kommt, dass Kreditinstitute häufig nach verschiedenen Zeitintervallen jeweils eine neue Bescheinigung des Arbeitgebers vom Kontoinhaber einfordern. Ein Arbeitgeber sollte es sich daher reiflich überlegen, ob er eine entsprechende Bescheinigung, wozu er, was nochmals betont sein sollte, nicht verpflichtet ist, seinem Mitarbeiter bei einer Kontopfändung überhaupt ausstellt. Der Arbeitnehmer ist in diesem Fall auch nicht rechtlos gestellt. Sollte er eine solche Bescheinigung nicht erhalten, ist das Vollstreckungsgericht verpflichtet, die Anzahl der unterhaltsberechtigten Personen, denen Unterhalt geleistet wird, auf Antrag des Vollstreckungsschuldners in einem entsprechenden Beschluss auszuweisen, der dann für das Kreditinstitut bindend ist.

Lösung: Der Arbeitgeber kann (formlos) dem Arbeitnehmer die Anzahl der unterhaltsberechtigten Personen bescheinigen, denen der Arbeitnehmer tatsächlich Unterhalt leistet, wobei er vielleicht auch deutlich machen sollte, dass die Bescheinigung auf der Grundlage der Angaben des Arbeitnehmers ausgestellt wurde. Er kann stattdessen auch eine vom Mitarbeiter vorgelegte und vorbereitete Bescheinigung des Kreditinstituts entsprechend ausfüllen und ihm zur Weitergabe an das Kreditinstitut zurückgeben. Möglich, und nach den hier angestellten Überlegungen empfehlenswert, ist es aber auch, den Schuldner an das Vollstreckungsgericht, d.h. das Gericht, das den Pfändungs- und Überweisungsbeschluss gegenüber dem Kreditinstitut erlassen hat, zu verweisen. Bei den dort eingerichteten Rechtsantragstellen erhält der Arbeitnehmer zwar keine Rechtsberatung, es wird ihm allerdings bei der Formulierung eines entsprechenden Antrags geholfen.

24. Zusammenarbeit mit dem Vollstreckungsgericht

Fall: Dem Arbeitgeber ist bekannt, dass im Haus seines Mitarbeiters noch der 35-jährige Sohn wohnt. Der Sohn ist ohne Arbeit und wird von seinem Vater noch finanziell unterstützt. Nachdem er diesen Umstand einem pfändenden Gläubiger in der Drittschuldnererklärung genannt hat, besteht nun der Gläubiger darauf, diesen Sohn nicht zu berücksichtigen. Der Arbeitgeber ist sich nun nicht im Klaren, wie er sich verhalten soll.

Eine Vollstreckungsmaßnahme, also auch eine Lohnpfändung, hat dem Grunde nach drei Beteiligte: 1. den Gläubiger, 2. den Vollstreckungsschuldner, 3. das Vollstreckungsgericht. Bei der Lohnpfändung besteht im Gegensatz zu sonstigen Vollstreckungsmaßnahmen allerdings die Besonderheit, dass hier Umstände eine Rolle spielen, die das Vollstreckungsgericht nicht von sich aus berücksichtigen kann. Das sind unter anderem der zu berücksichtigende Nettolohn und weiterhin die Anzahl der unterhaltsberechtigten Personen. Es handelt sich hierbei um Tatsachen, die nicht dem Vollstreckungsgericht, sondern dem Arbeitgeber bekannt sind. Die Klärung von Rechtsfragen sind dagegen Aufgaben, die dem Vollstreckungsgericht zugeschrieben sind. Der Arbeitgeber ist daher im Rahmen einer Lohnpfändung sog. „Hilfsorgan" des Vollstreckungsgerichts. Er kann sich daher, wenn es um die Klärung von Rechtsfragen geht, regelmäßig an das Vollstreckungsgericht wenden, und einen klarstellenden Beschluss beantragen. Das gleiche Recht haben auch der Arbeitnehmer sowie der Gläubiger. Damit hat der Drittschuldner die Möglichkeit, Unklarheiten in Bezug auf die von der Pfändung betroffenen Einkommensteile zu beseitigen, indem er einen klarstellenden Beschluss beim Vollstreckungsgericht beantragt. Wenn dann der Drittschuldner nach den Vorgaben eines klarstellenden Beschlusses handelt, können gegen ihn keine Haftungsansprüche geltend gemacht werden. So können beispielsweise Zweifelsfragen beseitigt werden, wenn strittig ist, ob Urlaubsgeld oder Aufwandsentschädigung den Rahmen des Üblichen im konkreten Einzelfall übersteigt oder wenn es um eine Zusammenrechnung von Geld mit Naturalleistungen geht, falls der Wert der Naturalleistungen zweifelhaft ist. Auch die Frage der Berücksichtigung eines volljährigen Kindes kann hierdurch geklärt werden.

Lösung: Der Arbeitgeber kann in diesem Fall ein Schreiben an das Vollstreckungsgericht richten mit etwa dem Inhalt:

Mit Beschluss vom … wurde das Arbeitseinkommen des … gepfändet. Zwischen den Beteiligten besteht Streit darüber, ob das volljährige Kind … bei der Berechnung des pfändbaren Arbeitseinkommens zu berücksichtigen ist oder nicht. Es wird daher um Erlass eines klarstellenden Beschlusses gebeten, ob das Kind bei der Berechnung des pfändbaren Arbeitseinkommens zu berücksichtigen ist oder nicht. Auf den beigefügten Schriftwechsel wird Bezug genommen.

Anhang

Bekanntmachung zu den Pfändungsfreigrenzen 2024 nach § 850c der Zivilprozessordnung (Pfändungsfreigrenzenbekanntmachung 2024)

Vom 10. Mai 2024

Auf Grund des § 850c Absatz 4 Satz 1 der Zivilprozessordnung in der Fassung der Bekanntmachung vom 5. Dezember 2005 (BGBl. I S. 3202; 2006 I S. 431; 2007 I S. 1781), die zuletzt durch Artikel 3 des Gesetzes vom 22. Dezember 2023 (BGBl. 2023 I Nr. 411) geändert worden ist, in Verbindung mit § 1 Absatz 2 des Zuständigkeitsanpassungsgesetzes vom 16. August 2002 (BGBl. I S. 3165) und dem Organisationserlass vom 8. Dezember 2021 (BGBl. I S. 5176) wird bekannt gemacht:

1. Die unpfändbaren Beträge nach § 850c der Zivilprozessordnung erhöhen sich zum 1. Juli 2024
   a) in Absatz 1
      Nummer 1 von 1 402,28 auf 1 491,75 Euro monatlich,
      Nummer 2 von 322,72 auf 343,31 Euro wöchentlich,
      Nummer 3 von 64,54 auf 68,66 Euro täglich,
   b) in Absatz 2 Satz 1
      Nummer 1 von 527,76 auf 560,90 Euro monatlich,
      Nummer 2 von 121,46 auf 129,21 Euro wöchentlich,
      Nummer 3 von 24,29 auf 25,84 Euro täglich,
   c) in Absatz 2 Satz 2
      Nummer 1 von 294,02 auf 312,78 Euro monatlich,
      Nummer 2 von 67,67 auf 71,99 Euro wöchentlich,
      Nummer 3 von 13,54 auf 14,40 Euro täglich,
   d) in Absatz 3 Satz 3
      Nummer 1 von 4 298,81 auf 4 573,10 Euro monatlich,
      Nummer 2 von 989,31 auf 1 052,43 Euro wöchentlich,
      Nummer 3 von 197,87 auf 210,50 Euro täglich.

Berichtigung der Pfändungsfreigrenzenbekanntmachung 2024

Vom 23. Mai 2024

Die Pfändungsfreigrenzenbekanntmachung 2024 vom 10. Mai 2024 (BGBl. 2024 I Nr. 160) ist wie folgt zu berichtigen:

1. In Nummer 1 Buchstabe b ist die Angabe „560,90" durch die Angabe „561,43" zu ersetzen.
2. Im Anhang ist die Tabelle der Pfändungsfreibeträge für die Auszahlung für Monate durch die folgende Tabelle zu ersetzen:

Bekanntmachung zu den Pfändungsfreigrenzen 2024 nach § 850 c der Zivilprozessordnung

(Pfändungsfreigrenzenbekanntmachung 2024)
vom 10. Mai 2024 (BGBl. I Nr. 160, ber. Nr. 165 a)

[1]Auf Grund des § 850 c Absatz 4 Satz 1 der Zivilprozessordnung in der Fassung der Bekanntmachung vom 5. Dezember 2005 (BGBl. I S. 3202; 2006 I S. 431; 2007 I S. 1781), die zuletzt durch Artikel 3 des Gesetzes vom 22. Dezember 2023 (BGBl. 2023 I Nr. 411) geändert worden ist, in Verbindung mit § 1 Absatz 2 des Zuständigkeitsanpassungsgesetzes vom 16. August 2002 (BGBl. I S. 3165) und dem Organisationserlass vom 8. Dezember 2021 (BGBl. I S. 5176) wird bekannt gemacht:

1. Die unpfändbaren Beträge nach § 850 c der Zivilprozessordnung erhöhen sich zum 1. Juli 2024
   a) in Absatz 1
      - Nummer 1 von 1402,28 auf 1491,75 Euro monatlich,
      - Nummer 2 von 322,72 auf 343,31 Euro wöchentlich,
      - Nummer 3 von 64,54 auf 68,66 Euro täglich,
   b) in Absatz 2 Satz 1
      - Nummer 1 von 527,76 auf 561,43 Euro monatlich,
      - Nummer 2 von 121,46 auf 129,21 Euro wöchentlich,
      - Nummer 3 von 24,29 auf 25,84 Euro täglich,
   c) in Absatz 2 Satz 2
      - Nummer 1 von 294,02 auf 312,78 Euro monatlich,
      - Nummer 2 von 67,67 auf 71,99 Euro wöchentlich,
      - Nummer 3 von 13,54 auf 14,40 Euro täglich,
   d) in Absatz 3 Satz 3
      - Nummer 1 von 4298,81 auf 4573,10 Euro monatlich,
      - Nummer 2 von 989,31 auf 1052,43 Euro wöchentlich,
      - Nummer 3 von 197,87 auf 210,50 Euro täglich.
2. Die ab 1. Juli 2024 geltenden Pfändungsfreibeträge ergeben sich im Übrigen aus den als Anhang abgedruckten Tabellen.

Auszahlung für Monate						
Euro	Pfändbarer Betrag bei Unterhaltspflicht für ... Personen					
Nettolohn monatlich	0	1	2	3	4	5 und mehr
bis 1499,99	–	–	–	–	–	–
1500,00 bis 1509,99	5,78	–	–	–	–	–
1510,00 bis 1519,99	12,78	–	–	–	–	–
1520,00 bis 1529,99	19,78	–	–	–	–	–
1530,00 bis 1539,99	26,78	–	–	–	–	–
1540,00 bis 1549,99	33,78	–	–	–	–	–
1550,00 bis 1559,99	40,78	–	–	–	–	–
1560,00 bis 1569,99	47,78	–	–	–	–	–
1570,00 bis 1579,99	54,78	–	–	–	–	–
1580,00 bis 1589,99	61,78	–	–	–	–	–
1590,00 bis 1599,99	68,78	–	–	–	–	–
1600,00 bis 1609,99	75,78	–	–	–	–	–
1610,00 bis 1619,99	82,78	–	–	–	–	–
1620,00 bis 1629,99	89,78	–	–	–	–	–
1630,00 bis 1639,99	96,78	–	–	–	–	–
1640,00 bis 1649,99	103,78	–	–	–	–	–
1650,00 bis 1659,99	110,78	–	–	–	–	–
1660,00 bis 1669,99	117,78	–	–	–	–	–
1670,00 bis 1679,99	124,78	–	–	–	–	–
1680,00 bis 1689,99	131,78	–	–	–	–	–
1690,00 bis 1699,99	138,78	–	–	–	–	–
1700,00 bis 1709,99	145,78	–	–	–	–	–
1710,00 bis 1719,99	152,78	–	–	–	–	–
1720,00 bis 1729,99	159,78	–	–	–	–	–
1730,00 bis 1739,99	166,78	–	–	–	–	–
1740,00 bis 1749,99	173,78	–	–	–	–	–
1750,00 bis 1759,99	180,78	–	–	–	–	–
1760,00 bis 1769,99	187,78	–	–	–	–	–
1770,00 bis 1779,99	194,78	–	–	–	–	–
1780,00 bis 1789,99	201,78	–	–	–	–	–
1790,00 bis 1799,99	208,78	–	–	–	–	–
1800,00 bis 1809,99	215,78	–	–	–	–	–
1810,00 bis 1819,99	222,78	–	–	–	–	–
1820,00 bis 1829,99	229,78	–	–	–	–	–
1830,00 bis 1839,99	236,78	–	–	–	–	–
1840,00 bis 1849,99	243,78	–	–	–	–	–

Auszahlung für Monate						
Euro	Pfändbarer Betrag bei Unterhaltspflicht für ... Personen					
Nettolohn monatlich	0	1	2	3	4	5 und mehr
1850,00 bis 1859,99	250,78	–	–	–	–	–
1860,00 bis 1869,99	257,78	–	–	–	–	–
1870,00 bis 1879,99	264,78	–	–	–	–	–
1880,00 bis 1889,99	271,78	–	–	–	–	–
1890,00 bis 1899,99	278,78	–	–	–	–	–
1900,00 bis 1909,99	285,78	–	–	–	–	–
1910,00 bis 1919,99	292,78	–	–	–	–	–
1920,00 bis 1929,99	299,78	–	–	–	–	–
1930,00 bis 1939,99	306,78	–	–	–	–	–
1940,00 bis 1949,99	313,78	–	–	–	–	–
1950,00 bis 1959,99	320,78	–	–	–	–	–
1960,00 bis 1969,99	327,78	–	–	–	–	–
1970,00 bis 1979,99	334,78	–	–	–	–	–
1980,00 bis 1989,99	341,78	–	–	–	–	–
1990,00 bis 1999,99	348,78	–	–	–	–	–
2000,00 bis 2009,99	355,78	–	–	–	–	–
2010,00 bis 2019,99	362,78	–	–	–	–	–
2020,00 bis 2029,99	369,78	–	–	–	–	–
2030,00 bis 2039,99	376,78	–	–	–	–	–
2040,00 bis 2049,99	383,78	–	–	–	–	–
2050,00 bis 2059,99	390,78	–	–	–	–	–
2060,00 bis 2069,99	397,78	3,41	–	–	–	–
2070,00 bis 2079,99	404,78	8,41	–	–	–	–
2080,00 bis 2089,99	411,78	13,41	–	–	–	–
2090,00 bis 2099,99	418,78	18,41	–	–	–	–
2100,00 bis 2109,99	425,78	23,41	–	–	–	–
2110,00 bis 2119,99	432,78	28,41	–	–	–	–
2120,00 bis 2129,99	439,78	33,41	–	–	–	–
2130,00 bis 2139,99	446,78	38,41	–	–	–	–
2140,00 bis 2149,99	453,78	43,41	–	–	–	–
2150,00 bis 2159,99	460,78	48,41	–	–	–	–
2160,00 bis 2169,99	467,78	53,41	–	–	–	–
2170,00 bis 2179,99	474,78	58,41	–	–	–	–
2180,00 bis 2189,99	481,78	63,41	–	–	–	–
2190,00 bis 2199,99	488,78	68,41	–	–	–	–
2200,00 bis 2209,99	495,78	73,41	–	–	–	–

Auszahlung für Monate						
Euro	Pfändbarer Betrag bei Unterhaltspflicht für ... Personen					
Nettolohn monatlich	0	1	2	3	4	5 und mehr
2210,00 bis 2219,99	502,78	78,41	–	–	–	–
2220,00 bis 2229,99	509,78	83,41	–	–	–	–
2230,00 bis 2239,99	516,78	88,41	–	–	–	–
2240,00 bis 2249,99	523,78	93,41	–	–	–	–
2250,00 bis 2259,99	530,78	98,41	–	–	–	–
2260,00 bis 2269,99	537,78	103,41	–	–	–	–
2270,00 bis 2279,99	544,78	108,41	–	–	–	–
2280,00 bis 2289,99	551,78	113,41	–	–	–	–
2290,00 bis 2299,99	558,78	118,41	–	–	–	–
2300,00 bis 2309,99	565,78	123,41	–	–	–	–
2310,00 bis 2319,99	572,78	128,41	–	–	–	–
2320,00 bis 2329,99	579,78	133,41	–	–	–	–
2330,00 bis 2339,99	586,78	138,41	–	–	–	–
2340,00 bis 2349,99	593,78	143,41	–	–	–	–
2350,00 bis 2359,99	600,78	148,41	–	–	–	–
2360,00 bis 2369,99	607,78	153,41	–	–	–	–
2370,00 bis 2379,99	614,78	158,41	1,62	–	–	–
2380,00 bis 2389,99	621,78	163,41	5,62	–	–	–
2390,00 bis 2399,99	628,78	168,41	9,62	–	–	–
2400,00 bis 2409,99	635,78	173,41	13,62	–	–	–
2410,00 bis 2419,99	642,78	178,41	17,62	–	–	–
2420,00 bis 2429,99	649,78	183,41	21,62	–	–	–
2430,00 bis 2439,99	656,78	188,41	25,62	–	–	–
2440,00 bis 2449,99	663,78	193,41	29,62	–	–	–
2450,00 bis 2459,99	670,78	198,41	33,62	–	–	–
2460,00 bis 2469,99	677,78	203,41	37,62	–	–	–
2470,00 bis 2479,99	684,78	208,41	41,62	–	–	–
2480,00 bis 2489,99	691,78	213,41	45,62	–	–	–
2490,00 bis 2499,99	698,78	218,41	49,62	–	–	–
2500,00 bis 2509,99	705,78	223,41	53,62	–	–	–
2510,00 bis 2519,99	712,78	228,41	57,62	–	–	–
2520,00 bis 2529,99	719,78	233,41	61,62	–	–	–
2530,00 bis 2539,99	726,78	238,41	65,62	–	–	–
2540,00 bis 2549,99	733,78	243,41	69,62	–	–	–
2550,00 bis 2559,99	740,78	248,41	73,62	–	–	–
2560,00 bis 2569,99	747,78	253,41	77,62	–	–	–

Auszahlung für Monate						
Euro	Pfändbarer Betrag bei Unterhaltspflicht für ... Personen					
Nettolohn monatlich	0	1	2	3	4	5 und mehr
2570,00 bis 2579,99	754,78	258,41	81,62	–	–	–
2580,00 bis 2589,99	761,78	263,41	85,62	–	–	–
2590,00 bis 2599,99	768,78	268,41	89,62	–	–	–
2600,00 bis 2609,99	775,78	273,41	93,62	–	–	–
2610,00 bis 2619,99	782,78	278,41	97,62	–	–	–
2620,00 bis 2629,99	789,78	283,41	101,62	–	–	–
2630,00 bis 2639,99	796,78	288,41	105,62	–	–	–
2640,00 bis 2649,99	803,78	293,41	109,62	–	–	–
2650,00 bis 2659,99	810,78	298,41	113,62	–	–	–
2660,00 bis 2669,99	817,78	303,41	117,62	–	–	–
2670,00 bis 2679,99	824,78	308,41	121,62	–	–	–
2680,00 bis 2689,99	831,78	313,41	125,62	0,38	–	–
2690,00 bis 2699,99	838,78	318,41	129,62	3,38	–	–
2700,00 bis 2709,99	845,78	323,41	133,62	6,38	–	–
2710,00 bis 2719,99	852,78	328,41	137,62	9,38	–	–
2720,00 bis 2729,99	859,78	333,41	141,62	12,38	–	–
2730,00 bis 2739,99	866,78	338,41	145,62	15,38	–	–
2740,00 bis 2749,99	873,78	343,41	149,62	18,38	–	–
2750,00 bis 2759,99	880,78	348,41	153,62	21,38	–	–
2760,00 bis 2769,99	887,78	353,41	157,62	24,38	–	–
2770,00 bis 2779,99	894,78	358,41	161,62	27,38	–	–
2780,00 bis 2789,99	901,78	363,41	165,62	30,38	–	–
2790,00 bis 2799,99	908,78	368,41	169,62	33,38	–	–
2800,00 bis 2809,99	915,78	373,41	173,62	36,38	–	–
2810,00 bis 2819,99	922,78	378,41	177,62	39,38	–	–
2820,00 bis 2829,99	929,78	383,41	181,62	42,38	–	–
2830,00 bis 2839,99	936,78	388,41	185,62	45,38	–	–
2840,00 bis 2849,99	943,78	393,41	189,62	48,38	–	–
2850,00 bis 2859,99	950,78	398,41	193,62	51,38	–	–
2860,00 bis 2869,99	957,78	403,41	197,62	54,38	–	–
2870,00 bis 2879,99	964,78	408,41	201,62	57,38	–	–
2880,00 bis 2889,99	971,78	413,41	205,62	60,38	–	–
2890,00 bis 2899,99	978,78	418,41	209,62	63,38	–	–
2900,00 bis 2909,99	985,78	423,41	213,62	66,38	–	–
2910,00 bis 2919,99	992,78	428,41	217,62	69,38	–	–
2920,00 bis 2929,99	999,78	433,41	221,62	72,38	–	–

Auszahlung für Monate						
Euro	Pfändbarer Betrag bei Unterhaltspflicht für ... Personen					
Nettolohn monatlich	0	1	2	3	4	5 und mehr
2930,00 bis 2939,99	1006,78	438,41	225,62	75,38	–	–
2940,00 bis 2949,99	1013,78	443,41	229,62	78,38	–	–
2950,00 bis 2959,99	1020,78	448,41	233,62	81,38	–	–
2960,00 bis 2969,99	1027,78	453,41	237,62	84,38	–	–
2970,00 bis 2979,99	1034,78	458,41	241,62	87,38	–	–
2980,00 bis 2989,99	1041,78	463,41	245,62	90,38	–	–
2990,00 bis 2999,99	1048,78	468,41	249,62	93,38	–	–
3000,00 bis 3009,99	1055,78	473,41	253,62	96,38	1,70	–
3010,00 bis 3019,99	1062,78	478,41	257,62	99,38	3,70	–
3020,00 bis 3029,99	1069,78	483,41	261,62	102,38	5,70	–
3030,00 bis 3039,99	1076,78	488,41	265,62	105,38	7,70	–
3040,00 bis 3049,99	1083,78	493,41	269,62	108,38	9,70	–
3050,00 bis 3059,99	1090,78	498,41	273,62	111,38	11,70	–
3060,00 bis 3069,99	1097,78	503,41	277,62	114,38	13,70	–
3070,00 bis 3079,99	1104,78	508,41	281,62	117,38	15,70	–
3080,00 bis 3089,99	1111,78	513,41	285,62	120,38	17,70	–
3090,00 bis 3099,99	1118,78	518,41	289,62	123,38	19,70	–
3100,00 bis 3109,99	1125,78	523,41	293,62	126,38	21,70	–
3110,00 bis 3119,99	1132,78	528,41	297,62	129,38	23,70	–
3120,00 bis 3129,99	1139,78	533,41	301,62	132,38	25,70	–
3130,00 bis 3139,99	1146,78	538,41	305,62	135,38	27,70	–
3140,00 bis 3149,99	1153,78	543,41	309,62	138,38	29,70	–
3150,00 bis 3159,99	1160,78	548,41	313,62	141,38	31,70	–
3160,00 bis 3169,99	1167,78	553,41	317,62	144,38	33,70	–
3170,00 bis 3179,99	1174,78	558,41	321,62	147,38	35,70	–
3180,00 bis 3189,99	1181,78	563,41	325,62	150,38	37,70	–
3190,00 bis 3199,99	1188,78	568,41	329,62	153,38	39,70	–
3200,00 bis 3209,99	1195,78	573,41	333,62	156,38	41,70	–
3210,00 bis 3219,99	1202,78	578,41	337,62	159,38	43,70	–
3220,00 bis 3229,99	1209,78	583,41	341,62	162,38	45,70	–
3230,00 bis 3239,99	1216,78	588,41	345,62	165,38	47,70	–
3240,00 bis 3249,99	1223,78	593,41	349,62	168,38	49,70	–
3250,00 bis 3259,99	1230,78	598,41	353,62	171,38	51,70	–
3260,00 bis 3269,99	1237,78	603,41	357,62	174,38	53,70	–
3270,00 bis 3279,99	1244,78	608,41	361,62	177,38	55,70	–
3280,00 bis 3289,99	1251,78	613,41	365,62	180,38	57,70	–

Auszahlung für Monate						
Euro	Pfändbarer Betrag bei Unterhaltspflicht für ... Personen					
Nettolohn monatlich	0	1	2	3	4	5 und mehr
3290,00 bis 3299,99	1258,78	618,41	369,62	183,38	59,70	–
3300,00 bis 3309,99	1265,78	623,41	373,62	186,38	61,70	–
3310,00 bis 3319,99	1272,78	628,41	377,62	189,38	63,70	0,57
3320,00 bis 3329,99	1279,78	633,41	381,62	192,38	65,70	1,57
3330,00 bis 3339,99	1286,78	638,41	385,62	195,38	67,70	2,57
3340,00 bis 3349,99	1293,78	643,41	389,62	198,38	69,70	3,57
3350,00 bis 3359,99	1300,78	648,41	393,62	201,38	71,70	4,57
3360,00 bis 3369,99	1307,78	653,41	397,62	204,38	73,70	5,57
3370,00 bis 3379,99	1314,78	658,41	401,62	207,38	75,70	6,57
3380,00 bis 3389,99	1321,78	663,41	405,62	210,38	77,70	7,57
3390,00 bis 3399,99	1328,78	668,41	409,62	213,38	79,70	8,57
3400,00 bis 3409,99	1335,78	673,41	413,62	216,38	81,70	9,57
3410,00 bis 3419,99	1342,78	678,41	417,62	219,38	83,70	10,57
3420,00 bis 3429,99	1349,78	683,41	421,62	222,38	85,70	11,57
3430,00 bis 3439,99	1356,78	688,41	425,62	225,38	87,70	12,57
3440,00 bis 3449,99	1363,78	693,41	429,62	228,38	89,70	13,57
3450,00 bis 3459,99	1370,78	698,41	433,62	231,38	91,70	14,57
3460,00 bis 3469,99	1377,78	703,41	437,62	234,38	93,70	15,57
3470,00 bis 3479,99	1384,78	708,41	441,62	237,38	95,70	16,57
3480,00 bis 3489,99	1391,78	713,41	445,62	240,38	97,70	17,57
3490,00 bis 3499,99	1398,78	718,41	449,62	243,38	99,70	18,57
3500,00 bis 3509,99	1405,78	723,41	453,62	246,38	101,70	19,57
3510,00 bis 3519,99	1412,78	728,41	457,62	249,38	103,70	20,57
3520,00 bis 3529,99	1419,78	733,41	461,62	252,38	105,70	21,57
3530,00 bis 3539,99	1426,78	738,41	465,62	255,38	107,70	22,57
3540,00 bis 3549,99	1433,78	743,41	469,62	258,38	109,70	23,57
3550,00 bis 3559,99	1440,78	748,41	473,62	261,38	111,70	24,57
3560,00 bis 3569,99	1447,78	753,41	477,62	264,38	113,70	25,57
3570,00 bis 3579,99	1454,78	758,41	481,62	267,38	115,70	26,57
3580,00 bis 3589,99	1461,78	763,41	485,62	270,38	117,70	27,57
3590,00 bis 3599,99	1468,78	768,41	489,62	273,38	119,70	28,57
3600,00 bis 3609,99	1475,78	773,41	493,62	276,38	121,70	29,57
3610,00 bis 3619,99	1482,78	778,41	497,62	279,38	123,70	30,57
3620,00 bis 3629,99	1489,78	783,41	501,62	282,38	125,70	31,57
3630,00 bis 3639,99	1496,78	788,41	505,62	285,38	127,70	32,57
3640,00 bis 3649,99	1503,78	793,41	509,62	288,38	129,70	33,57

Auszahlung für Monate						
Euro	Pfändbarer Betrag bei Unterhaltspflicht für ... Personen					
Nettolohn monatlich	0	1	2	3	4	5 und mehr
3650,00 bis 3659,99	1510,78	798,41	513,62	291,38	131,70	34,57
3660,00 bis 3669,99	1517,78	803,41	517,62	294,38	133,70	35,57
3670,00 bis 3679,99	1524,78	808,41	521,62	297,38	135,70	36,57
3680,00 bis 3689,99	1531,78	813,41	525,62	300,38	137,70	37,57
3690,00 bis 3699,99	1538,78	818,41	529,62	303,38	139,70	38,57
3700,00 bis 3709,99	1545,78	823,41	533,62	306,38	141,70	39,57
3710,00 bis 3719,99	1552,78	828,41	537,62	309,38	143,70	40,57
3720,00 bis 3729,99	1559,78	833,41	541,62	312,38	145,70	41,57
3730,00 bis 3739,99	1566,78	838,41	545,62	315,38	147,70	42,57
3740,00 bis 3749,99	1573,78	843,41	549,62	318,38	149,70	43,57
3750,00 bis 3759,99	1580,78	848,41	553,62	321,38	151,70	44,57
3760,00 bis 3769,99	1587,78	853,41	557,62	324,38	153,70	45,57
3770,00 bis 3779,99	1594,78	858,41	561,62	327,38	155,70	46,57
3780,00 bis 3789,99	1601,78	863,41	565,62	330,38	157,70	47,57
3790,00 bis 3799,99	1608,78	868,41	569,62	333,38	159,70	48,57
3800,00 bis 3809,99	1615,78	873,41	573,62	336,38	161,70	49,57
3810,00 bis 3819,99	1622,78	878,41	577,62	339,38	163,70	50,57
3820,00 bis 3829,99	1629,78	883,41	581,62	342,38	165,70	51,57
3830,00 bis 3839,99	1636,78	888,41	585,62	345,38	167,70	52,57
3840,00 bis 3849,99	1643,78	893,41	589,62	348,38	169,70	53,57
3850,00 bis 3859,99	1650,78	898,41	593,62	351,38	171,70	54,57
3860,00 bis 3869,99	1657,78	903,41	597,62	354,38	173,70	55,57
3870,00 bis 3879,99	1664,78	908,41	601,62	357,38	175,70	56,57
3880,00 bis 3889,99	1671,78	913,41	605,62	360,38	177,70	57,57
3890,00 bis 3899,99	1678,78	918,41	609,62	363,38	179,70	58,57
3900,00 bis 3909,99	1685,78	923,41	613,62	366,38	181,70	59,57
3910,00 bis 3919,99	1692,78	928,41	617,62	369,38	183,70	60,57
3920,00 bis 3929,99	1699,78	933,41	621,62	372,38	185,70	61,57
3930,00 bis 3939,99	1706,78	938,41	625,62	375,38	187,70	62,57
3940,00 bis 3949,99	1713,78	943,41	629,62	378,38	189,70	63,57
3950,00 bis 3959,99	1720,78	948,41	633,62	381,38	191,70	64,57
3960,00 bis 3969,99	1727,78	953,41	637,62	384,38	193,70	65,57
3970,00 bis 3979,99	1734,78	958,41	641,62	387,38	195,70	66,57
3980,00 bis 3989,99	1741,78	963,41	645,62	390,38	197,70	67,57
3990,00 bis 3999,99	1748,78	968,41	649,62	393,38	199,70	68,57
4000,00 bis 4009,99	1755,78	973,41	653,62	396,38	201,70	69,57

Auszahlung für Monate						
Euro	Pfändbarer Betrag bei Unterhaltspflicht für ... Personen					
Nettolohn monatlich	0	1	2	3	4	5 und mehr
4010,00 bis 4019,99	1762,78	978,41	657,62	399,38	203,70	70,57
4020,00 bis 4029,99	1769,78	983,41	661,62	402,38	205,70	71,57
4030,00 bis 4039,99	1776,78	988,41	665,62	405,38	207,70	72,57
4040,00 bis 4049,99	1783,78	993,41	669,62	408,38	209,70	73,57
4050,00 bis 4059,99	1790,78	998,41	673,62	411,38	211,70	74,57
4060,00 bis 4069,99	1797,78	1003,41	677,62	414,38	213,70	75,57
4070,00 bis 4079,99	1804,78	1008,41	681,62	417,38	215,70	76,57
4080,00 bis 4089,99	1811,78	1013,41	685,62	420,38	217,70	77,57
4090,00 bis 4099,99	1818,78	1018,41	689,62	423,38	219,70	78,57
4100,00 bis 4109,99	1825,78	1023,41	693,62	426,38	221,70	79,57
4110,00 bis 4119,99	1832,78	1028,41	697,62	429,38	223,70	80,57
4120,00 bis 4129,99	1839,78	1033,41	701,62	432,38	225,70	81,57
4130,00 bis 4139,99	1846,78	1038,41	705,62	435,38	227,70	82,57
4140,00 bis 4149,99	1853,78	1043,41	709,62	438,38	229,70	83,57
4150,00 bis 4159,99	1860,78	1048,41	713,62	441,38	231,70	84,57
4160,00 bis 4169,99	1867,78	1053,41	717,62	444,38	233,70	85,57
4170,00 bis 4179,99	1874,78	1058,41	721,62	447,38	235,70	86,57
4180,00 bis 4189,99	1881,78	1063,41	725,62	450,38	237,70	87,57
4190,00 bis 4199,99	1888,78	1068,41	729,62	453,38	239,70	88,57
4200,00 bis 4209,99	1895,78	1073,41	733,62	456,38	241,70	89,57
4210,00 bis 4219,99	1902,78	1078,41	737,62	459,38	243,70	90,57
4220,00 bis 4229,99	1909,78	1083,41	741,62	462,38	245,70	91,57
4230,00 bis 4239,99	1916,78	1088,41	745,62	465,38	247,70	92,57
4240,00 bis 4249,99	1923,78	1093,41	749,62	468,38	249,70	93,57
4250,00 bis 4259,99	1930,78	1098,41	753,62	471,38	251,70	94,57
4260,00 bis 4269,99	1937,78	1103,41	757,62	474,38	253,70	95,57
4270,00 bis 4279,99	1944,78	1108,41	761,62	477,38	255,70	96,57
4280,00 bis 4289,99	1951,78	1113,41	765,62	480,38	257,70	97,57
4290,00 bis 4299,99	1958,78	1118,41	769,62	483,38	259,70	98,57
4300,00 bis 4309,99	1965,78	1123,41	773,62	486,38	261,70	99,57
4310,00 bis 4319,99	1972,78	1128,41	777,62	489,38	263,70	100,57
4320,00 bis 4329,99	1979,78	1133,41	781,62	492,38	265,70	101,57
4330,00 bis 4339,99	1986,78	1138,41	785,62	495,38	267,70	102,57
4340,00 bis 4349,99	1993,78	1143,41	789,62	498,38	269,70	103,57
4350,00 bis 4359,99	2000,78	1148,41	793,62	501,38	271,70	104,57
4360,00 bis 4369,99	2007,78	1153,41	797,62	504,38	273,70	105,57

Auszahlung für Monate						
Euro	Pfändbarer Betrag bei Unterhaltspflicht für ... Personen					
Nettolohn monatlich	0	1	2	3	4	5 und mehr
4370,00 bis 4379,99	2014,78	1158,41	801,62	507,38	275,70	106,57
4380,00 bis 4389,99	2021,78	1163,41	805,62	510,38	277,70	107,57
4390,00 bis 4399,99	2028,78	1168,41	809,62	513,38	279,70	108,57
4400,00 bis 4409,99	2035,78	1173,41	813,62	516,38	281,70	109,57
4410,00 bis 4419,99	2042,78	1178,41	817,62	519,38	283,70	110,57
4420,00 bis 4429,99	2049,78	1183,41	821,62	522,38	285,70	111,57
4430,00 bis 4439,99	2056,78	1188,41	825,62	525,38	287,70	112,57
4440,00 bis 4449,99	2063,78	1193,41	829,62	528,38	289,70	113,57
4450,00 bis 4459,99	2070,78	1198,41	833,62	531,38	291,70	114,57
4460,00 bis 4469,99	2077,78	1203,41	837,62	534,38	293,70	115,57
4470,00 bis 4479,99	2084,78	1208,41	841,62	537,38	295,70	116,57
4480,00 bis 4489,99	2091,78	1213,41	845,62	540,38	297,70	117,57
4490,00 bis 4499,99	2098,78	1218,41	849,62	543,38	299,70	118,57
4500,00 bis 4509,99	2105,78	1223,41	853,62	546,38	301,70	119,57
4510,00 bis 4519,99	2112,78	1228,41	857,62	549,38	303,70	120,57
4520,00 bis 4529,99	2119,78	1233,41	861,62	552,38	305,70	121,57
4530,00 bis 4539,99	2126,78	1238,41	865,62	555,38	307,70	122,57
4540,00 bis 4549,99	2133,78	1243,41	869,62	558,38	309,70	123,57
4550,00 bis 4559,99	2140,78	1248,41	873,62	561,38	311,70	124,57
4560,00 bis 4569,99	2147,78	1253,41	877,62	564,38	313,70	125,57
4570,00 bis 4573,10	2154,78	1258,41	881,62	567,38	315,70	126,57
Der Mehrbetrag über 4573,10 Euro ist voll pfändbar.						

Auszahlung für Wochen						
Euro	Pfändbarer Betrag bei Unterhaltspflicht für ... Personen					
Nettolohn wöchentlich	0	1	2	3	4	5 und mehr
bis 344,99	–	–	–	–	–	–
345,00 bis 347,49	1,18	–	–	–	–	–
347,50 bis 349,99	2,93	–	–	–	–	–
350,00 bis 352,49	4,68	–	–	–	–	–
352,50 bis 354,99	6,43	–	–	–	–	–
355,00 bis 357,49	8,18	–	–	–	–	–
357,50 bis 359,99	9,93	–	–	–	–	–

Auszahlung für Wochen						
Euro	Pfändbarer Betrag bei Unterhaltspflicht für ... Personen					
Nettolohn wöchentlich	0	1	2	3	4	5 und mehr
360,00 bis 362,49	11,68	–	–	–	–	–
362,50 bis 364,99	13,43	–	–	–	–	–
365,00 bis 367,49	15,18	–	–	–	–	–
367,50 bis 369,99	16,93	–	–	–	–	–
370,00 bis 372,49	18,68	–	–	–	–	–
372,50 bis 374,99	20,43	–	–	–	–	–
375,00 bis 377,49	22,18	–	–	–	–	–
377,50 bis 379,99	23,93	–	–	–	–	–
380,00 bis 382,49	25,68	–	–	–	–	–
382,50 bis 384,99	27,43	–	–	–	–	–
385,00 bis 387,49	29,18	–	–	–	–	–
387,50 bis 389,99	30,93	–	–	–	–	–
390,00 bis 392,49	32,68	–	–	–	–	–
392,50 bis 394,99	34,43	–	–	–	–	–
395,00 bis 397,49	36,18	–	–	–	–	–
397,50 bis 399,99	37,93	–	–	–	–	–
400,00 bis 402,49	39,68	–	–	–	–	–
402,50 bis 404,99	41,43	–	–	–	–	–
405,00 bis 407,49	43,18	–	–	–	–	–
407,50 bis 409,99	44,93	–	–	–	–	–
410,00 bis 412,49	46,68	–	–	–	–	–
412,50 bis 414,99	48,43	–	–	–	–	–
415,00 bis 417,49	50,18	–	–	–	–	–
417,50 bis 419,99	51,93	–	–	–	–	–
420,00 bis 422,49	53,68	–	–	–	–	–
422,50 bis 424,99	55,43	–	–	–	–	–
425,00 bis 427,49	57,18	–	–	–	–	–
427,50 bis 429,99	58,93	–	–	–	–	–
430,00 bis 432,49	60,68	–	–	–	–	–
432,50 bis 434,99	62,43	–	–	–	–	–
435,00 bis 437,49	64,18	–	–	–	–	–
437,50 bis 439,99	65,93	–	–	–	–	–
440,00 bis 442,49	67,68	–	–	–	–	–
442,50 bis 444,99	69,43	–	–	–	–	–
445,00 bis 447,49	71,18	–	–	–	–	–
447,50 bis 449,99	72,93	–	–	–	–	–

Auszahlung für Wochen						
Euro	Pfändbarer Betrag bei Unterhaltspflicht für ... Personen					
Nettolohn wöchentlich	0	1	2	3	4	5 und mehr
450,00 bis 452,49	74,68	–	–	–	–	–
452,50 bis 454,99	76,43	–	–	–	–	–
455,00 bis 457,49	78,18	–	–	–	–	–
457,50 bis 459,99	79,93	–	–	–	–	–
460,00 bis 462,49	81,68	–	–	–	–	–
462,50 bis 464,99	83,43	–	–	–	–	–
465,00 bis 467,49	85,18	–	–	–	–	–
467,50 bis 469,99	86,93	–	–	–	–	–
470,00 bis 472,49	88,68	–	–	–	–	–
472,50 bis 474,99	90,43	–	–	–	–	–
475,00 bis 477,49	92,18	1,24	–	–	–	–
477,50 bis 479,99	93,93	2,49	–	–	–	–
480,00 bis 482,49	95,68	3,74	–	–	–	–
482,50 bis 484,99	97,43	4,99	–	–	–	–
485,00 bis 487,49	99,18	6,24	–	–	–	–
487,50 bis 489,99	100,93	7,49	–	–	–	–
490,00 bis 492,49	102,68	8,74	–	–	–	–
492,50 bis 494,99	104,43	9,99	–	–	–	–
495,00 bis 497,49	106,18	11,24	–	–	–	–
497,50 bis 499,99	107,93	12,49	–	–	–	–
500,00 bis 502,49	109,68	13,74	–	–	–	–
502,50 bis 504,99	111,43	14,99	–	–	–	–
505,00 bis 507,49	113,18	16,24	–	–	–	–
507,50 bis 509,99	114,93	17,49	–	–	–	–
510,00 bis 512,49	116,68	18,74	–	–	–	–
512,50 bis 514,99	118,43	19,99	–	–	–	–
515,00 bis 517,49	120,18	21,24	–	–	–	–
517,50 bis 519,99	121,93	22,49	–	–	–	–
520,00 bis 522,49	123,68	23,74	–	–	–	–
522,50 bis 524,99	125,43	24,99	–	–	–	–
525,00 bis 527,49	127,18	26,24	–	–	–	–
527,50 bis 529,99	128,93	27,49	–	–	–	–
530,00 bis 532,49	130,68	28,74	–	–	–	–
532,50 bis 534,99	132,43	29,99	–	–	–	–
535,00 bis 537,49	134,18	31,24	–	–	–	–
537,50 bis 539,99	135,93	32,49	–	–	–	–

Auszahlung für Wochen						
Euro	Pfändbarer Betrag bei Unterhaltspflicht für ... Personen					
Nettolohn wöchentlich	0	1	2	3	4	5 und mehr
540,00 bis 542,49	137,68	33,74	–	–	–	–
542,50 bis 544,99	139,43	34,99	–	–	–	–
545,00 bis 547,49	141,18	36,24	0,20	–	–	–
547,50 bis 549,99	142,93	37,49	1,20	–	–	–
550,00 bis 552,49	144,68	38,74	2,20	–	–	–
552,50 bis 554,99	146,43	39,99	3,20	–	–	–
555,00 bis 557,49	148,18	41,24	4,20	–	–	–
557,50 bis 559,99	149,93	42,49	5,20	–	–	–
560,00 bis 562,49	151,68	43,74	6,20	–	–	–
562,50 bis 564,99	153,43	44,99	7,20	–	–	–
565,00 bis 567,49	155,18	46,24	8,20	–	–	–
567,50 bis 569,99	156,93	47,49	9,20	–	–	–
570,00 bis 572,49	158,68	48,74	10,20	–	–	–
572,50 bis 574,99	160,43	49,99	11,20	–	–	–
575,00 bis 577,49	162,18	51,24	12,20	–	–	–
577,50 bis 579,99	163,93	52,49	13,20	–	–	–
580,00 bis 582,49	165,68	53,74	14,20	–	–	–
582,50 bis 584,99	167,43	54,99	15,20	–	–	–
585,00 bis 587,49	169,18	56,24	16,20	–	–	–
587,50 bis 589,99	170,93	57,49	17,20	–	–	–
590,00 bis 592,49	172,68	58,74	18,20	–	–	–
592,50 bis 594,99	174,43	59,99	19,20	–	–	–
595,00 bis 597,49	176,18	61,24	20,20	–	–	–
597,50 bis 599,99	177,93	62,49	21,20	–	–	–
600,00 bis 602,49	179,68	63,74	22,20	–	–	–
602,50 bis 604,99	181,43	64,99	23,20	–	–	–
605,00 bis 607,49	183,18	66,24	24,20	–	–	–
607,50 bis 609,99	184,93	67,49	25,20	–	–	–
610,00 bis 612,49	186,68	68,74	26,20	–	–	–
612,50 bis 614,99	188,43	69,99	27,20	–	–	–
615,00 bis 617,49	190,18	71,24	28,20	–	–	–
617,50 bis 619,99	191,93	72,49	29,20	0,30	–	–
620,00 bis 622,49	193,68	73,74	30,20	1,05	–	–
622,50 bis 624,99	195,43	74,99	31,20	1,80	–	–
625,00 bis 627,49	197,18	76,24	32,20	2,55	–	–
627,50 bis 629,99	198,93	77,49	33,20	3,30	–	–

Auszahlung für Wochen						
Euro	Pfändbarer Betrag bei Unterhaltspflicht für ... Personen					
Nettolohn wöchentlich	0	1	2	3	4	5 und mehr
630,00 bis 632,49	200,68	78,74	34,20	4,05	–	–
632,50 bis 634,99	202,43	79,99	35,20	4,80	–	–
635,00 bis 637,49	204,18	81,24	36,20	5,55	–	–
637,50 bis 639,99	205,93	82,49	37,20	6,30	–	–
640,00 bis 642,49	207,68	83,74	38,20	7,05	–	–
642,50 bis 644,99	209,43	84,99	39,20	7,80	–	–
645,00 bis 647,49	211,18	86,24	40,20	8,55	–	–
647,50 bis 649,99	212,93	87,49	41,20	9,30	–	–
650,00 bis 652,49	214,68	88,74	42,20	10,05	–	–
652,50 bis 654,99	216,43	89,99	43,20	10,80	–	–
655,00 bis 657,49	218,18	91,24	44,20	11,55	–	–
657,50 bis 659,99	219,93	92,49	45,20	12,30	–	–
660,00 bis 662,49	221,68	93,74	46,20	13,05	–	–
662,50 bis 664,99	223,43	94,99	47,20	13,80	–	–
665,00 bis 667,49	225,18	96,24	48,20	14,55	–	–
667,50 bis 669,99	226,93	97,49	49,20	15,30	–	–
670,00 bis 672,49	228,68	98,74	50,20	16,05	–	–
672,50 bis 674,99	230,43	99,99	51,20	16,80	–	–
675,00 bis 677,49	232,18	101,24	52,20	17,55	–	–
677,50 bis 679,99	233,93	102,49	53,20	18,30	–	–
680,00 bis 682,49	235,68	103,74	54,20	19,05	–	–
682,50 bis 684,99	237,43	104,99	55,20	19,80	–	–
685,00 bis 687,49	239,18	106,24	56,20	20,55	–	–
687,50 bis 689,99	240,93	107,49	57,20	21,30	–	–
690,00 bis 692,49	242,68	108,74	58,20	22,05	0,30	–
692,50 bis 694,99	244,43	109,99	59,20	22,80	0,80	–
695,00 bis 697,49	246,18	111,24	60,20	23,55	1,30	–
697,50 bis 699,99	247,93	112,49	61,20	24,30	1,80	–
700,00 bis 702,49	249,68	113,74	62,20	25,05	2,30	–
702,50 bis 704,99	251,43	114,99	63,20	25,80	2,80	–
705,00 bis 707,49	253,18	116,24	64,20	26,55	3,30	–
707,50 bis 709,99	254,93	117,49	65,20	27,30	3,80	–
710,00 bis 712,49	256,68	118,74	66,20	28,05	4,30	–
712,50 bis 714,99	258,43	119,99	67,20	28,80	4,80	–
715,00 bis 717,49	260,18	121,24	68,20	29,55	5,30	–
717,50 bis 719,99	261,93	122,49	69,20	30,30	5,80	–

Auszahlung für Wochen						
Euro	Pfändbarer Betrag bei Unterhaltspflicht für ... Personen					
Nettolohn wöchentlich	0	1	2	3	4	5 und mehr
720,00 bis 722,49	263,68	123,74	70,20	31,05	6,30	–
722,50 bis 724,99	265,43	124,99	71,20	31,80	6,80	–
725,00 bis 727,49	267,18	126,24	72,20	32,55	7,30	–
727,50 bis 729,99	268,93	127,49	73,20	33,30	7,80	–
730,00 bis 732,49	270,68	128,74	74,20	34,05	8,30	–
732,50 bis 734,99	272,43	129,99	75,20	34,80	8,80	–
735,00 bis 737,49	274,18	131,24	76,20	35,55	9,30	–
737,50 bis 739,99	275,93	132,49	77,20	36,30	9,80	–
740,00 bis 742,49	277,68	133,74	78,20	37,05	10,30	–
742,50 bis 744,99	279,43	134,99	79,20	37,80	10,80	–
745,00 bis 747,49	281,18	136,24	80,20	38,55	11,30	–
747,50 bis 749,99	282,93	137,49	81,20	39,30	11,80	–
750,00 bis 752,49	284,68	138,74	82,20	40,05	12,30	–
752,50 bis 754,99	286,43	139,99	83,20	40,80	12,80	–
755,00 bis 757,49	288,18	141,24	84,20	41,55	13,30	–
757,50 bis 759,99	289,93	142,49	85,20	42,30	13,80	–
760,00 bis 762,49	291,68	143,74	86,20	43,05	14,30	–
762,50 bis 764,99	293,43	144,99	87,20	43,80	14,80	0,20
765,00 bis 767,49	295,18	146,24	88,20	44,55	15,30	0,45
767,50 bis 769,99	296,93	147,49	89,20	45,30	15,80	0,70
770,00 bis 772,49	298,68	148,74	90,20	46,05	16,30	0,95
772,50 bis 774,99	300,43	149,99	91,20	46,80	16,80	1,20
775,00 bis 777,49	302,18	151,24	92,20	47,55	17,30	1,45
777,50 bis 779,99	303,93	152,49	93,20	48,30	17,80	1,70
780,00 bis 782,49	305,68	153,74	94,20	49,05	18,30	1,95
782,50 bis 784,99	307,43	154,99	95,20	49,80	18,80	2,20
785,00 bis 787,49	309,18	156,24	96,20	50,55	19,30	2,45
787,50 bis 789,99	310,93	157,49	97,20	51,30	19,80	2,70
790,00 bis 792,49	312,68	158,74	98,20	52,05	20,30	2,95
792,50 bis 794,99	314,43	159,99	99,20	52,80	20,80	3,20
795,00 bis 797,49	316,18	161,24	100,20	53,55	21,30	3,45
797,50 bis 799,99	317,93	162,49	101,20	54,30	21,80	3,70
800,00 bis 802,49	319,68	163,74	102,20	55,05	22,30	3,95
802,50 bis 804,99	321,43	164,99	103,20	55,80	22,80	4,20
805,00 bis 807,49	323,18	166,24	104,20	56,55	23,30	4,45
807,50 bis 809,99	324,93	167,49	105,20	57,30	23,80	4,70

Auszahlung für Wochen						
Euro	Pfändbarer Betrag bei Unterhaltspflicht für ... Personen					
Nettolohn wöchentlich	0	1	2	3	4	5 und mehr
810,00 bis 812,49	326,68	168,74	106,20	58,05	24,30	4,95
812,50 bis 814,99	328,43	169,99	107,20	58,80	24,80	5,20
815,00 bis 817,49	330,18	171,24	108,20	59,55	25,30	5,45
817,50 bis 819,99	331,93	172,49	109,20	60,30	25,80	5,70
820,00 bis 822,49	333,68	173,74	110,20	61,05	26,30	5,95
822,50 bis 824,99	335,43	174,99	111,20	61,80	26,80	6,20
825,00 bis 827,49	337,18	176,24	112,20	62,55	27,30	6,45
827,50 bis 829,99	338,93	177,49	113,20	63,30	27,80	6,70
830,00 bis 832,49	340,68	178,74	114,20	64,05	28,30	6,95
832,50 bis 834,99	342,43	179,99	115,20	64,80	28,80	7,20
835,00 bis 837,49	344,18	181,24	116,20	65,55	29,30	7,45
837,50 bis 839,99	345,93	182,49	117,20	66,30	29,80	7,70
840,00 bis 842,49	347,68	183,74	118,20	67,05	30,30	7,95
842,50 bis 844,99	349,43	184,99	119,20	67,80	30,80	8,20
845,00 bis 847,49	351,18	186,24	120,20	68,55	31,30	8,45
847,50 bis 849,99	352,93	187,49	121,20	69,30	31,80	8,70
850,00 bis 852,49	354,68	188,74	122,20	70,05	32,30	8,95
852,50 bis 854,99	356,43	189,99	123,20	70,80	32,80	9,20
855,00 bis 857,49	358,18	191,24	124,20	71,55	33,30	9,45
857,50 bis 859,99	359,93	192,49	125,20	72,30	33,80	9,70
860,00 bis 862,49	361,68	193,74	126,20	73,05	34,30	9,95
862,50 bis 864,99	363,43	194,99	127,20	73,80	34,80	10,20
865,00 bis 867,49	365,18	196,24	128,20	74,55	35,30	10,45
867,50 bis 869,99	366,93	197,49	129,20	75,30	35,80	10,70
870,00 bis 872,49	368,68	198,74	130,20	76,05	36,30	10,95
872,50 bis 874,99	370,43	199,99	131,20	76,80	36,80	11,20
875,00 bis 877,49	372,18	201,24	132,20	77,55	37,30	11,45
877,50 bis 879,99	373,93	202,49	133,20	78,30	37,80	11,70
880,00 bis 882,49	375,68	203,74	134,20	79,05	38,30	11,95
882,50 bis 884,99	377,43	204,99	135,20	79,80	38,80	12,20
885,00 bis 887,49	379,18	206,24	136,20	80,55	39,30	12,45
887,50 bis 889,99	380,93	207,49	137,20	81,30	39,80	12,70
890,00 bis 892,49	382,68	208,74	138,20	82,05	40,30	12,95
892,50 bis 894,99	384,43	209,99	139,20	82,80	40,80	13,20
895,00 bis 897,49	386,18	211,24	140,20	83,55	41,30	13,45
897,50 bis 899,99	387,93	212,49	141,20	84,30	41,80	13,70

Auszahlung für Wochen						
Euro	Pfändbarer Betrag bei Unterhaltspflicht für ... Personen					
Nettolohn wöchentlich	0	1	2	3	4	5 und mehr
900,00 bis 902,49	389,68	213,74	142,20	85,05	42,30	13,95
902,50 bis 904,99	391,43	214,99	143,20	85,80	42,80	14,20
905,00 bis 907,49	393,18	216,24	144,20	86,55	43,30	14,45
907,50 bis 909,99	394,93	217,49	145,20	87,30	43,80	14,70
910,00 bis 912,49	396,68	218,74	146,20	88,05	44,30	14,95
912,50 bis 914,99	398,43	219,99	147,20	88,80	44,80	15,20
915,00 bis 917,49	400,18	221,24	148,20	89,55	45,30	15,45
917,50 bis 919,99	401,93	222,49	149,20	90,30	45,80	15,70
920,00 bis 922,49	403,68	223,74	150,20	91,05	46,30	15,95
922,50 bis 924,99	405,43	224,99	151,20	91,80	46,80	16,20
925,00 bis 927,49	407,18	226,24	152,20	92,55	47,30	16,45
927,50 bis 929,99	408,93	227,49	153,20	93,30	47,80	16,70
930,00 bis 932,49	410,68	228,74	154,20	94,05	48,30	16,95
932,50 bis 934,99	412,43	229,99	155,20	94,80	48,80	17,20
935,00 bis 937,49	414,18	231,24	156,20	95,55	49,30	17,45
937,50 bis 939,99	415,93	232,49	157,20	96,30	49,80	17,70
940,00 bis 942,49	417,68	233,74	158,20	97,05	50,30	17,95
942,50 bis 944,99	419,43	234,99	159,20	97,80	50,80	18,20
945,00 bis 947,49	421,18	236,24	160,20	98,55	51,30	18,45
947,50 bis 949,99	422,93	237,49	161,20	99,30	51,80	18,70
950,00 bis 952,49	424,68	238,74	162,20	100,05	52,30	18,95
952,50 bis 954,99	426,43	239,99	163,20	100,80	52,80	19,20
955,00 bis 957,49	428,18	241,24	164,20	101,55	53,30	19,45
957,50 bis 959,99	429,93	242,49	165,20	102,30	53,80	19,70
960,00 bis 962,49	431,68	243,74	166,20	103,05	54,30	19,95
962,50 bis 964,99	433,43	244,99	167,20	103,80	54,80	20,20
965,00 bis 967,49	435,18	246,24	168,20	104,55	55,30	20,45
967,50 bis 969,99	436,93	247,49	169,20	105,30	55,80	20,70
970,00 bis 972,49	438,68	248,74	170,20	106,05	56,30	20,95
972,50 bis 974,99	440,43	249,99	171,20	106,80	56,80	21,20
975,00 bis 977,49	442,18	251,24	172,20	107,55	57,30	21,45
977,50 bis 979,99	443,93	252,49	173,20	108,30	57,80	21,70
980,00 bis 982,49	445,68	253,74	174,20	109,05	58,30	21,95
982,50 bis 984,99	447,43	254,99	175,20	109,80	58,80	22,20
985,00 bis 987,49	449,18	256,24	176,20	110,55	59,30	22,45
987,50 bis 989,99	450,93	257,49	177,20	111,30	59,80	22,70

Auszahlung für Wochen						
Euro	Pfändbarer Betrag bei Unterhaltspflicht für ... Personen					
Nettolohn wöchentlich	0	1	2	3	4	5 und mehr
990,00 bis 992,49	452,68	258,74	178,20	112,05	60,30	22,95
992,50 bis 994,99	454,43	259,99	179,20	112,80	60,80	23,20
995,00 bis 997,49	456,18	261,24	180,20	113,55	61,30	23,45
997,50 bis 999,99	457,93	262,49	181,20	114,30	61,80	23,70
1000,00 bis 1002,49	459,68	263,74	182,20	115,05	62,30	23,95
1002,50 bis 1004,99	461,43	264,99	183,20	115,80	62,80	24,20
1005,00 bis 1007,49	463,18	266,24	184,20	116,55	63,30	24,45
1007,50 bis 1009,99	464,93	267,49	185,20	117,30	63,80	24,70
1010,00 bis 1012,49	466,68	268,74	186,20	118,05	64,30	24,95
1012,50 bis 1014,99	468,43	269,99	187,20	118,80	64,80	25,20
1015,00 bis 1017,49	470,18	271,24	188,20	119,55	65,30	25,45
1017,50 bis 1019,99	471,93	272,49	189,20	120,30	65,80	25,70
1020,00 bis 1022,49	473,68	273,74	190,20	121,05	66,30	25,95
1022,50 bis 1024,99	475,43	274,99	191,20	121,80	66,80	26,20
1025,00 bis 1027,49	477,18	276,24	192,20	122,55	67,30	26,45
1027,50 bis 1029,99	478,93	277,49	193,20	123,30	67,80	26,70
1030,00 bis 1032,49	480,68	278,74	194,20	124,05	68,30	26,95
1032,50 bis 1034,99	482,43	279,99	195,20	124,80	68,80	27,20
1035,00 bis 1037,49	484,18	281,24	196,20	125,55	69,30	27,45
1037,50 bis 1039,99	485,93	282,49	197,20	126,30	69,80	27,70
1040,00 bis 1042,49	487,68	283,74	198,20	127,05	70,30	27,95
1042,50 bis 1044,99	489,43	284,99	199,20	127,80	70,80	28,20
1045,00 bis 1047,49	491,18	286,24	200,20	128,55	71,30	28,45
1047,50 bis 1049,99	492,93	287,49	201,20	129,30	71,80	28,70
1050,00 bis 1052,43	494,68	288,74	202,20	130,05	72,30	28,95
Der Mehrbetrag über 1052,43 Euro ist voll pfändbar.						

Auszahlung für Tage						
Euro	Pfändbarer Betrag bei Unterhaltspflicht für ... Personen					
Nettolohn täglich	0	1	2	3	4	5 und mehr
bis 68,99	–	–	–	–	–	–
69,00 bis 69,49	0,24	–	–	–	–	–
69,50 bis 69,99	0,59	–	–	–	–	–
70,00 bis 70,49	0,94	–	–	–	–	–
70,50 bis 70,99	1,29	–	–	–	–	–
71,00 bis 71,49	1,64	–	–	–	–	–
71,50 bis 71,99	1,99	–	–	–	–	–
72,00 bis 72,49	2,34	–	–	–	–	–
72,50 bis 72,99	2,69	–	–	–	–	–
73,00 bis 73,49	3,04	–	–	–	–	–
73,50 bis 73,99	3,39	–	–	–	–	–
74,00 bis 74,49	3,74	–	–	–	–	–
74,50 bis 74,99	4,09	–	–	–	–	–
75,00 bis 75,49	4,44	–	–	–	–	–
75,50 bis 75,99	4,79	–	–	–	–	–
76,00 bis 76,49	5,14	–	–	–	–	–
76,50 bis 76,99	5,49	–	–	–	–	–
77,00 bis 77,49	5,84	–	–	–	–	–
77,50 bis 77,99	6,19	–	–	–	–	–
78,00 bis 78,49	6,54	–	–	–	–	–
78,50 bis 78,99	6,89	–	–	–	–	–
79,00 bis 79,49	7,24	–	–	–	–	–
79,50 bis 79,99	7,59	–	–	–	–	–
80,00 bis 80,49	7,94	–	–	–	–	–
80,50 bis 80,99	8,29	–	–	–	–	–
81,00 bis 81,49	8,64	–	–	–	–	–
81,50 bis 81,99	8,99	–	–	–	–	–
82,00 bis 82,49	9,34	–	–	–	–	–
82,50 bis 82,99	9,69	–	–	–	–	–
83,00 bis 83,49	10,04	–	–	–	–	–
83,50 bis 83,99	10,39	–	–	–	–	–
84,00 bis 84,49	10,74	–	–	–	–	–
84,50 bis 84,99	11,09	–	–	–	–	–
85,00 bis 85,49	11,44	–	–	–	–	–
85,50 bis 85,99	11,79	–	–	–	–	–
86,00 bis 86,49	12,14	–	–	–	–	–

Auszahlung für Tage						
Euro	Pfändbarer Betrag bei Unterhaltspflicht für ... Personen					
Nettolohn täglich	0	1	2	3	4	5 und mehr
86,50 bis 86,99	12,49	–	–	–	–	–
87,00 bis 87,49	12,84	–	–	–	–	–
87,50 bis 87,99	13,19	–	–	–	–	–
88,00 bis 88,49	13,54	–	–	–	–	–
88,50 bis 88,99	13,89	–	–	–	–	–
89,00 bis 89,49	14,24	–	–	–	–	–
89,50 bis 89,99	14,59	–	–	–	–	–
90,00 bis 90,49	14,94	–	–	–	–	–
90,50 bis 90,99	15,29	–	–	–	–	–
91,00 bis 91,49	15,64	–	–	–	–	–
91,50 bis 91,99	15,99	–	–	–	–	–
92,00 bis 92,49	16,34	–	–	–	–	–
92,50 bis 92,99	16,69	–	–	–	–	–
93,00 bis 93,49	17,04	–	–	–	–	–
93,50 bis 93,99	17,39	–	–	–	–	–
94,00 bis 94,49	17,74	–	–	–	–	–
94,50 bis 94,99	18,09	–	–	–	–	–
95,00 bis 95,49	18,44	0,25	–	–	–	–
95,50 bis 95,99	18,79	0,50	–	–	–	–
96,00 bis 96,49	19,14	0,75	–	–	–	–
96,50 bis 96,99	19,49	1,00	–	–	–	–
97,00 bis 97,49	19,84	1,25	–	–	–	–
97,50 bis 97,99	20,19	1,50	–	–	–	–
98,00 bis 98,49	20,54	1,75	–	–	–	–
98,50 bis 98,99	20,89	2,00	–	–	–	–
99,00 bis 99,49	21,24	2,25	–	–	–	–
99,50 bis 99,99	21,59	2,50	–	–	–	–
100,00 bis 100,49	21,94	2,75	–	–	–	–
100,50 bis 100,99	22,29	3,00	–	–	–	–
101,00 bis 101,49	22,64	3,25	–	–	–	–
101,50 bis 101,99	22,99	3,50	–	–	–	–
102,00 bis 102,49	23,34	3,75	–	–	–	–
102,50 bis 102,99	23,69	4,00	–	–	–	–
103,00 bis 103,49	24,04	4,25	–	–	–	–
103,50 bis 103,99	24,39	4,50	–	–	–	–
104,00 bis 104,49	24,74	4,75	–	–	–	–

Auszahlung für Tage						
Euro	Pfändbarer Betrag bei Unterhaltspflicht für … Personen					
Nettolohn täglich	0	1	2	3	4	5 und mehr
104,50 bis 104,99	25,09	5,00	–	–	–	–
105,00 bis 105,49	25,44	5,25	–	–	–	–
105,50 bis 105,99	25,79	5,50	–	–	–	–
106,00 bis 106,49	26,14	5,75	–	–	–	–
106,50 bis 106,99	26,49	6,00	–	–	–	–
107,00 bis 107,49	26,84	6,25	–	–	–	–
107,50 bis 107,99	27,19	6,50	–	–	–	–
108,00 bis 108,49	27,54	6,75	–	–	–	–
108,50 bis 108,99	27,89	7,00	–	–	–	–
109,00 bis 109,49	28,24	7,25	0,04	–	–	–
109,50 bis 109,99	28,59	7,50	0,24	–	–	–
110,00 bis 110,49	28,94	7,75	0,44	–	–	–
110,50 bis 110,99	29,29	8,00	0,64	–	–	–
111,00 bis 111,49	29,64	8,25	0,84	–	–	–
111,50 bis 111,99	29,99	8,50	1,04	–	–	–
112,00 bis 112,49	30,34	8,75	1,24	–	–	–
112,50 bis 112,99	30,69	9,00	1,44	–	–	–
113,00 bis 113,49	31,04	9,25	1,64	–	–	–
113,50 bis 113,99	31,39	9,50	1,84	–	–	–
114,00 bis 114,49	31,74	9,75	2,04	–	–	–
114,50 bis 114,99	32,09	10,00	2,24	–	–	–
115,00 bis 115,49	32,44	10,25	2,44	–	–	–
115,50 bis 115,99	32,79	10,50	2,64	–	–	–
116,00 bis 116,49	33,14	10,75	2,84	–	–	–
116,50 bis 116,99	33,49	11,00	3,04	–	–	–
117,00 bis 117,49	33,84	11,25	3,24	–	–	–
117,50 bis 117,99	34,19	11,50	3,44	–	–	–
118,00 bis 118,49	34,54	11,75	3,64	–	–	–
118,50 bis 118,99	34,89	12,00	3,84	–	–	–
119,00 bis 119,49	35,24	12,25	4,04	–	–	–
119,50 bis 119,99	35,59	12,50	4,24	–	–	–
120,00 bis 120,49	35,94	12,75	4,44	–	–	–
120,50 bis 120,99	36,29	13,00	4,64	–	–	–
121,00 bis 121,49	36,64	13,25	4,84	–	–	–
121,50 bis 121,99	36,99	13,50	5,04	–	–	–
122,00 bis 122,49	37,34	13,75	5,24	–	–	–

Auszahlung für Tage						
Euro	Pfändbarer Betrag bei Unterhaltspflicht für ... Personen					
Nettolohn täglich	0	1	2	3	4	5 und mehr
122,50 bis 122,99	37,69	14,00	5,44	–	–	–
123,00 bis 123,49	38,04	14,25	5,64	–	–	–
123,50 bis 123,99	38,39	14,50	5,84	0,06	–	–
124,00 bis 124,49	38,74	14,75	6,04	0,21	–	–
124,50 bis 124,99	39,09	15,00	6,24	0,36	–	–
125,00 bis 125,49	39,44	15,25	6,44	0,51	–	–
125,50 bis 125,99	39,79	15,50	6,64	0,66	–	–
126,00 bis 126,49	40,14	15,75	6,84	0,81	–	–
126,50 bis 126,99	40,49	16,00	7,04	0,96	–	–
127,00 bis 127,49	40,84	16,25	7,24	1,11	–	–
127,50 bis 127,99	41,19	16,50	7,44	1,26	–	–
128,00 bis 128,49	41,54	16,75	7,64	1,41	–	–
128,50 bis 128,99	41,89	17,00	7,84	1,56	–	–
129,00 bis 129,49	42,24	17,25	8,04	1,71	–	–
129,50 bis 129,99	42,59	17,50	8,24	1,86	–	–
130,00 bis 130,49	42,94	17,75	8,44	2,01	–	–
130,50 bis 130,99	43,29	18,00	8,64	2,16	–	–
131,00 bis 131,49	43,64	18,25	8,84	2,31	–	–
131,50 bis 131,99	43,99	18,50	9,04	2,46	–	–
132,00 bis 132,49	44,34	18,75	9,24	2,61	–	–
132,50 bis 132,99	44,69	19,00	9,44	2,76	–	–
133,00 bis 133,49	45,04	19,25	9,64	2,91	–	–
133,50 bis 133,99	45,39	19,50	9,84	3,06	–	–
134,00 bis 134,49	45,74	19,75	10,04	3,21	–	–
134,50 bis 134,99	46,09	20,00	10,24	3,36	–	–
135,00 bis 135,49	46,44	20,25	10,44	3,51	–	–
135,50 bis 135,99	46,79	20,50	10,64	3,66	–	–
136,00 bis 136,49	47,14	20,75	10,84	3,81	–	–
136,50 bis 136,99	47,49	21,00	11,04	3,96	–	–
137,00 bis 137,49	47,84	21,25	11,24	4,11	–	–
137,50 bis 137,99	48,19	21,50	11,44	4,26	–	–
138,00 bis 138,49	48,54	21,75	11,64	4,41	0,06	–
138,50 bis 138,99	48,89	22,00	11,84	4,56	0,16	–
139,00 bis 139,49	49,24	22,25	12,04	4,71	0,26	–
139,50 bis 139,99	49,59	22,50	12,24	4,86	0,36	–
140,00 bis 140,49	49,94	22,75	12,44	5,01	0,46	–

Auszahlung für Tage						
Euro	Pfändbarer Betrag bei Unterhaltspflicht für ... Personen					
Nettolohn täglich	0	1	2	3	4	5 und mehr
140,50 bis 140,99	50,29	23,00	12,64	5,16	0,56	–
141,00 bis 141,49	50,64	23,25	12,84	5,31	0,66	–
141,50 bis 141,99	50,99	23,50	13,04	5,46	0,76	–
142,00 bis 142,49	51,34	23,75	13,24	5,61	0,86	–
142,50 bis 142,99	51,69	24,00	13,44	5,76	0,96	–
143,00 bis 143,49	52,04	24,25	13,64	5,91	1,06	–
143,50 bis 143,99	52,39	24,50	13,84	6,06	1,16	–
144,00 bis 144,49	52,74	24,75	14,04	6,21	1,26	–
144,50 bis 144,99	53,09	25,00	14,24	6,36	1,36	–
145,00 bis 145,49	53,44	25,25	14,44	6,51	1,46	–
145,50 bis 145,99	53,79	25,50	14,64	6,66	1,56	–
146,00 bis 146,49	54,14	25,75	14,84	6,81	1,66	–
146,50 bis 146,99	54,49	26,00	15,04	6,96	1,76	–
147,00 bis 147,49	54,84	26,25	15,24	7,11	1,86	–
147,50 bis 147,99	55,19	26,50	15,44	7,26	1,96	–
148,00 bis 148,49	55,54	26,75	15,64	7,41	2,06	–
148,50 bis 148,99	55,89	27,00	15,84	7,56	2,16	–
149,00 bis 149,49	56,24	27,25	16,04	7,71	2,26	–
149,50 bis 149,99	56,59	27,50	16,24	7,86	2,36	–
150,00 bis 150,49	56,94	27,75	16,44	8,01	2,46	–
150,50 bis 150,99	57,29	28,00	16,64	8,16	2,56	–
151,00 bis 151,49	57,64	28,25	16,84	8,31	2,66	–
151,50 bis 151,99	57,99	28,50	17,04	8,46	2,76	–
152,00 bis 152,49	58,34	28,75	17,24	8,61	2,86	–
152,50 bis 152,99	58,69	29,00	17,44	8,76	2,96	0,04
153,00 bis 153,49	59,04	29,25	17,64	8,91	3,06	0,09
153,50 bis 153,99	59,39	29,50	17,84	9,06	3,16	0,14
154,00 bis 154,49	59,74	29,75	18,04	9,21	3,26	0,19
154,50 bis 154,99	60,09	30,00	18,24	9,36	3,36	0,24
155,00 bis 155,49	60,44	30,25	18,44	9,51	3,46	0,29
155,50 bis 155,99	60,79	30,50	18,64	9,66	3,56	0,34
156,00 bis 156,49	61,14	30,75	18,84	9,81	3,66	0,39
156,50 bis 156,99	61,49	31,00	19,04	9,96	3,76	0,44
157,00 bis 157,49	61,84	31,25	19,24	10,11	3,86	0,49
157,50 bis 157,99	62,19	31,50	19,44	10,26	3,96	0,54
158,00 bis 158,49	62,54	31,75	19,64	10,41	4,06	0,59

Auszahlung für Tage						
Euro	Pfändbarer Betrag bei Unterhaltspflicht für ... Personen					
Nettolohn täglich	0	1	2	3	4	5 und mehr
158,50 bis 158,99	62,89	32,00	19,84	10,56	4,16	0,64
159,00 bis 159,49	63,24	32,25	20,04	10,71	4,26	0,69
159,50 bis 159,99	63,59	32,50	20,24	10,86	4,36	0,74
160,00 bis 160,49	63,94	32,75	20,44	11,01	4,46	0,79
160,50 bis 160,99	64,29	33,00	20,64	11,16	4,56	0,84
161,00 bis 161,49	64,64	33,25	20,84	11,31	4,66	0,89
161,50 bis 161,99	64,99	33,50	21,04	11,46	4,76	0,94
162,00 bis 162,49	65,34	33,75	21,24	11,61	4,86	0,99
162,50 bis 162,99	65,69	34,00	21,44	11,76	4,96	1,04
163,00 bis 163,49	66,04	34,25	21,64	11,91	5,06	1,09
163,50 bis 163,99	66,39	34,50	21,84	12,06	5,16	1,14
164,00 bis 164,49	66,74	34,75	22,04	12,21	5,26	1,19
164,50 bis 164,99	67,09	35,00	22,24	12,36	5,36	1,24
165,00 bis 165,49	67,44	35,25	22,44	12,51	5,46	1,29
165,50 bis 165,99	67,79	35,50	22,64	12,66	5,56	1,34
166,00 bis 166,49	68,14	35,75	22,84	12,81	5,66	1,39
166,50 bis 166,99	68,49	36,00	23,04	12,96	5,76	1,44
167,00 bis 167,49	68,84	36,25	23,24	13,11	5,86	1,49
167,50 bis 167,99	69,19	36,50	23,44	13,26	5,96	1,54
168,00 bis 168,49	69,54	36,75	23,64	13,41	6,06	1,59
168,50 bis 168,99	69,89	37,00	23,84	13,56	6,16	1,64
169,00 bis 169,49	70,24	37,25	24,04	13,71	6,26	1,69
169,50 bis 169,99	70,59	37,50	24,24	13,86	6,36	1,74
170,00 bis 170,49	70,94	37,75	24,44	14,01	6,46	1,79
170,50 bis 170,99	71,29	38,00	24,64	14,16	6,56	1,84
171,00 bis 171,49	71,64	38,25	24,84	14,31	6,66	1,89
171,50 bis 171,99	71,99	38,50	25,04	14,46	6,76	1,94
172,00 bis 172,49	72,34	38,75	25,24	14,61	6,86	1,99
172,50 bis 172,99	72,69	39,00	25,44	14,76	6,96	2,04
173,00 bis 173,49	73,04	39,25	25,64	14,91	7,06	2,09
173,50 bis 173,99	73,39	39,50	25,84	15,06	7,16	2,14
174,00 bis 174,49	73,74	39,75	26,04	15,21	7,26	2,19
174,50 bis 174,99	74,09	40,00	26,24	15,36	7,36	2,24
175,00 bis 175,49	74,44	40,25	26,44	15,51	7,46	2,29
175,50 bis 175,99	74,79	40,50	26,64	15,66	7,56	2,34
176,00 bis 176,49	75,14	40,75	26,84	15,81	7,66	2,39

Auszahlung für Tage						
Euro	Pfändbarer Betrag bei Unterhaltspflicht für ... Personen					
Nettolohn täglich	0	1	2	3	4	5 und mehr
176,50 bis 176,99	75,49	41,00	27,04	15,96	7,76	2,44
177,00 bis 177,49	75,84	41,25	27,24	16,11	7,86	2,49
177,50 bis 177,99	76,19	41,50	27,44	16,26	7,96	2,54
178,00 bis 178,49	76,54	41,75	27,64	16,41	8,06	2,59
178,50 bis 178,99	76,89	42,00	27,84	16,56	8,16	2,64
179,00 bis 179,49	77,24	42,25	28,04	16,71	8,26	2,69
179,50 bis 179,99	77,59	42,50	28,24	16,86	8,36	2,74
180,00 bis 180,49	77,94	42,75	28,44	17,01	8,46	2,79
180,50 bis 180,99	78,29	43,00	28,64	17,16	8,56	2,84
181,00 bis 181,49	78,64	43,25	28,84	17,31	8,66	2,89
181,50 bis 181,99	78,99	43,50	29,04	17,46	8,76	2,94
182,00 bis 182,49	79,34	43,75	29,24	17,61	8,86	2,99
182,50 bis 182,99	79,69	44,00	29,44	17,76	8,96	3,04
183,00 bis 183,49	80,04	44,25	29,64	17,91	9,06	3,09
183,50 bis 183,99	80,39	44,50	29,84	18,06	9,16	3,14
184,00 bis 184,49	80,74	44,75	30,04	18,21	9,26	3,19
184,50 bis 184,99	81,09	45,00	30,24	18,36	9,36	3,24
185,00 bis 185,49	81,44	45,25	30,44	18,51	9,46	3,29
185,50 bis 185,99	81,79	45,50	30,64	18,66	9,56	3,34
186,00 bis 186,49	82,14	45,75	30,84	18,81	9,66	3,39
186,50 bis 186,99	82,49	46,00	31,04	18,96	9,76	3,44
187,00 bis 187,49	82,84	46,25	31,24	19,11	9,86	3,49
187,50 bis 187,99	83,19	46,50	31,44	19,26	9,96	3,54
188,00 bis 188,49	83,54	46,75	31,64	19,41	10,06	3,59
188,50 bis 188,99	83,89	47,00	31,84	19,56	10,16	3,64
189,00 bis 189,49	84,24	47,25	32,04	19,71	10,26	3,69
189,50 bis 189,99	84,59	47,50	32,24	19,86	10,36	3,74
190,00 bis 190,49	84,94	47,75	32,44	20,01	10,46	3,79
190,50 bis 190,99	85,29	48,00	32,64	20,16	10,56	3,84
191,00 bis 191,49	85,64	48,25	32,84	20,31	10,66	3,89
191,50 bis 191,99	85,99	48,50	33,04	20,46	10,76	3,94
192,00 bis 192,49	86,34	48,75	33,24	20,61	10,86	3,99
192,50 bis 192,99	86,69	49,00	33,44	20,76	10,96	4,04
193,00 bis 193,49	87,04	49,25	33,64	20,91	11,06	4,09
193,50 bis 193,99	87,39	49,50	33,84	21,06	11,16	4,14
194,00 bis 194,49	87,74	49,75	34,04	21,21	11,26	4,19

Auszahlung für Tage						
Euro	Pfändbarer Betrag bei Unterhaltspflicht für ... Personen					
Nettolohn täglich	0	1	2	3	4	5 und mehr
194,50 bis 194,99	88,09	50,00	34,24	21,36	11,36	4,24
195,00 bis 195,49	88,44	50,25	34,44	21,51	11,46	4,29
195,50 bis 195,99	88,79	50,50	34,64	21,66	11,56	4,34
196,00 bis 196,49	89,14	50,75	34,84	21,81	11,66	4,39
196,50 bis 196,99	89,49	51,00	35,04	21,96	11,76	4,44
197,00 bis 197,49	89,84	51,25	35,24	22,11	11,86	4,49
197,50 bis 197,99	90,19	51,50	35,44	22,26	11,96	4,54
198,00 bis 198,49	90,54	51,75	35,64	22,41	12,06	4,59
198,50 bis 198,99	90,89	52,00	35,84	22,56	12,16	4,64
199,00 bis 199,49	91,24	52,25	36,04	22,71	12,26	4,69
199,50 bis 199,99	91,59	52,50	36,24	22,86	12,36	4,74
200,00 bis 200,49	91,94	52,75	36,44	23,01	12,46	4,79
200,50 bis 200,99	92,29	53,00	36,64	23,16	12,56	4,84
201,00 bis 201,49	92,64	53,25	36,84	23,31	12,66	4,89
201,50 bis 201,99	92,99	53,50	37,04	23,46	12,76	4,94
202,00 bis 202,49	93,34	53,75	37,24	23,61	12,86	4,99
202,50 bis 202,99	93,69	54,00	37,44	23,76	12,96	5,04
203,00 bis 203,49	94,04	54,25	37,64	23,91	13,06	5,09
203,50 bis 203,99	94,39	54,50	37,84	24,06	13,16	5,14
204,00 bis 204,49	94,74	54,75	38,04	24,21	13,26	5,19
204,50 bis 204,99	95,09	55,00	38,24	24,36	13,36	5,24
205,00 bis 205,49	95,44	55,25	38,44	24,51	13,46	5,29
205,50 bis 205,99	95,79	55,50	38,64	24,66	13,56	5,34
206,00 bis 206,49	96,14	55,75	38,84	24,81	13,66	5,39
206,50 bis 206,99	96,49	56,00	39,04	24,96	13,76	5,44
207,00 bis 207,49	96,84	56,25	39,24	25,11	13,86	5,49
207,50 bis 207,99	97,19	56,50	39,44	25,26	13,96	5,54
208,00 bis 208,49	97,54	56,75	39,64	25,41	14,06	5,59
208,50 bis 208,99	97,89	57,00	39,84	25,56	14,16	5,64
209,00 bis 209,49	98,24	57,25	40,04	25,71	14,26	5,69
209,50 bis 209,99	98,59	57,50	40,24	25,86	14,36	5,74
210,00 bis 210,49	98,94	57,75	40,44	26,01	14,46	5,79
210,50 bis 210,50	99,29	58,00	40,64	26,16	14,56	5,84
Der Mehrbetrag über 210,50 Euro ist voll pfändbar.						

Literaturverzeichnis

Boewer, Dietrich, Handbuch zur Lohnpfändung und Abtretung, Verlag DATAKONTEXT, Heidelberg, 3. Auflage 2015

Braun, Eberhard, Insolvenzordnung, Verlag C. H. Beck, München, 10. Auflage 2024

Gottwald/Mock, Zwangsvollstreckung, Haufe Gruppe, Freiburg, 7. Auflage 2015

Grüneberg/Bearbeiter, Bürgerliches Gesetzbuch, Verlag C. H. Beck, München, 83. Auflage 2024

Hintzen, Udo, Forderungspfändung, zap-verlag, 6. Auflage 2023

Hintzen, Udo, Lohnpfändung 2024, Stollfuß Medien, Bonn, 41. Auflage 2024

Kindl/Meller-Hannich, Zwangsvollstreckung, Nomos Verlag, Baden-Baden, 3. Auflage 2015

Klein/Bearbeiter, Abgabenordnung, Verlag C. H. Beck, München, 17. Auflage 2023

Mock, Peter, Die Praxis der Forderungsvollstreckung, Nomos Verlag, Baden-Baden, 2. Auflage 2024

Stöber/Rellermeyer, Forderungspfändung, Gieseking Verlag, Bielefeld, 17. Auflage 2020

Kalmeier/Potthoff, Lohnpfändung 2024, Haufe Gruppe, Freiburg, 14. Auflage 2024

Stichwortverzeichnis